인성교육전문가 · 상담전문가를 위한
감수성 훈련 워크북

심수명 지음

기독교적 영성과 구조화 중심의
감수성훈련 워크북

2009년 5월 30일 1판 1쇄 발행
2013년 3월 26일 1판 2쇄 발행
2018년 5월 21일 1판 3쇄 발행

지은이 · 심수명

등록 · 제12-177호

등록된 곳 · 서울시 강서구 수명로2길 88

발행처 · 다세움

TEL · 02-2601-7423~4

FAX · 02-2601-7419

HOME · www.daseum.org

총판 · 비전북

주소 · 경기도 고양시 일산구 장항동 568-17

TEL · 031-907-3927

FAX · 031-905-3927

정가 6,000원

ISBN 978-89-92750-15-8 02230

시작하는 글

일반적으로 상담자는 다른 사람을 돕는 과정에 참여하는 사람이다. 하지만 다른 사람을 돕기 위해서는 많은 능력이 요구된다. 이런 점에서 상담자의 길은 참으로 많은 노력과 수고가 필요하다. 특히 인간에 대한 깊은 이해 및 수용과 통찰 능력, 각종 상담 이론에 대한 해박한 지식, 의사소통 기술과 인간 관계 능력, 지적·정서적·관계적 능력 등 많은 숙련된 고급 기술이 필요하다.

그러나 무엇보다 가장 중요한 능력은 인간에 대한 사랑의 마음과 공감능력일 것이다. 상담자가 된다는 것은 다른 사람들의 영혼을 들여다 볼 수 있는 창문을 가진 것이라는 부겐탈(Bugental)의 지적처럼 상담자는 내담자의 마음을 알아차릴 수 있는 능력이 요구된다. 이러한 능력의 기초가 바로 감수성 능력이다. 상담자에게 감수성은 최대의 과제라고 할 수 있다. 이론적인 배경이나 통찰도 중요하지만 순간 순간 변화하는 내담자의 감정과 사고를 알아차려야 하기 때문이다. 이 교재는 바로 이러한 능력을 키우기 위한 실제적인 내용과 함께 실습을 병행함으로써 상담자로서 필요한 민감성을 키울 수 있도록 하였다.

이 감수성 훈련 워크북은 초급과 중급의 과정으로 구조화되어 있는 것이 그 특징이다. 초급 훈련 내용으로는 경청, 감정 표현, 공감, 자각, 직면 등의 상담의 기본 기술을 습득할 수 있도록 하였다.

중급 과정에서는 자신의 내면을 객관적으로 볼 수 있도록 구성하였다. 자신의 내면을 좀 더 객관적으로 볼 수 있을 때 투사적 사고와 전이 감정을 구분할 수 있게 된다. 투사적 사고나 전이 감정은 무의식적인 감정과 사고에 깊이 연관되어 있기 때문에 타인의 직면적 피드백이 아니면 발견하기 어려운 요소이다. 이 점을 염두에 두어 실습을 통해 서로가 타인의 거울이 되어주고, 자신을 객관적이고 통합된 시각으로 볼 수 있도록 내용을 구성하였다. 내 안에 있지만 내 자신이 미처 보지 못하는 악을 겸손히 바라보고 고치기 위해 몸부림치는 과정을 통해 인간이 얼마나 연약하고 자기중심적인가를 직면하게 될 것이며, 그 과정에서 매 순간 하나님의 은혜 없이는 순수성과 진실성, 이타성을 갖기가 어렵다는 사실을 인정해야만 할 것이다.

따라서 그리스도인 상담자는 하나님의 은혜와 깊은 신앙이 필수적임을 인정해야 할 것이다. 이러한 결론은 오히려 숙련된 상담자, 전문 상담자가 되었을 때 더 깊이 깨닫게 된다. 왜냐하면 우리가 닮고자 하는 분이 궁극적으로 예수 그리스도이기 때문이다. 결국 우리 그리스도인의 상담 모델은 바로 주님이시다. 자신의 연약함을 인정하는 상담자야말로 깊은 영성의 소유자이며 가장 인간적이면서도 가장 신본적인 사람이라고 할 수 있을 것이다.

라인홀드 니버의 평안을 구하는 기도가 바로 그리스도인 상담자가 추구해야 하는 목표이며, 이 감수성 교재의 목표라고 할 수 있기에 여기에 소개하고자 한다.

> 하나님, 평안을 허락하셔서 내가 변화시킬 수 없는 것들을 받아들일 수 있게 하소서!
> 내가 할 수 있는 것들을 변화시킬 수 있는 용기와
> 차이를 깨달을 수 있는 지혜를 허락하소서.
> 한 번에 하루를 살고, 한 번에 한 순간을 즐기고,
> 고생을 평화에 이르는 오솔길로 받아들이고,
> 예수님처럼 이 죄에 물든 세상을
> 내가 바라는 대로가 아니라 있는 그대로 감당하며
> 내가 당신의 뜻에 복종하면 모든 것들이 바르게 될 것을 믿사오니
> 이 세상에서 알맞게 행복하고
> 저 세상에서 당신과 함께 영원히 말할 수 없는 행복을 누릴 것입니다.

훌륭한 상담자는 내담자가 변화시킬 수 있는 것과 변화시킬 수 없는 것이 무엇인지 내담자보다 더 깊이 볼 수 있는 눈과 귀를 가진 자이다. 또한 그 차이를 분별하고 그것을 내담자가 받아들일 수 있도록 이끌어 주는 자이다. 그리고 과거의 상처

와 왜곡으로부터 치유되고 회복되어 과거의 지배를 받는 자가 아니라 현재의 삶을 살아가도록 도와주는 자이다. 또한 세상을 살아가노라면 겪게 되는 고난을 직면하고 받아들이면서도 평화롭게 살아가는 법이 무엇인지 알고 그렇게 살아가는 자이다. 그리고 예수님을 마음 깊이 묵상하며, 죄악에 물든 이 세상의 흐름에 편승하거나 좇아가지 않기로 매순간 결단하는 것이다.

더 나아가 우리가 바라봐야 할 곳은 바로 하나님의 나라임을 알고 하나님의 뜻을 온전히 구하는 자이다. 그 나라를 바라보고 살아가는 것이 바로 온전을 향해 나아가는 숭고한 길임을 믿고 소망 중에 나아가는 자이다.

이러한 마음으로 살아갈 때 이 세상에서도 행복을 맛보며 즐거워하게 된다. 뿐만 아니라 현재의 행복 가운데서도 그 나라를 꿈꾸며 나아가면서 세속에 물들지 않는 영성을 소유한 거룩한 영혼의 소유자이다.

나는 이러한 아름다운 영혼을 가진 상담자이고 싶다. 그리고 이 교재를 가지고 공부하고 연습하는 상담자 또한 이런 영혼을 가진 상담자요, 동역자이기를 바라는 마음으로 영혼을 담아 한줄 한줄 정성을 담아 훈련교재로 만들었다. 나의 부족 때문에 소망과 염원이 분명히 드러나지 않는다 할지라도 이 교재를 가지고 씨름하는 여러분이 나 보다 더 큰 삶의 자유와 축복을 누리길 소원한다.

사랑의 하나님이 당신과 함께 하시기를, 그리고 우리가 앞으로 만날 모든 내담자에게도 함께 하시기를 간절히 소망한다.

민감한 감수성으로 사람의 전인을 돕고 싶은 사람

심 수 명 교수

목 차

I. 초급 과정
1회 : 감수성 초급 오리엔테이션 10
2회 : 경청 · 심정대화를 통한 감수성 훈련 21
3회 : 공감을 통한 감수성 훈련 27
4회 : 감정표현을 통한 감수성 훈련 34
5회 : 자각을 통한 감수성 훈련 41
6회 : 직면을 통한 감수성 훈련 46
7회 : 비구조화 종합 훈련 54

II. 중급 과정
1회 : 감수성 중급 오리엔테이션 60
2회 : 수용과 직면 67
3회 : 피드백 훈련 72
4회 : 경계선 유지 78
5회 : 투사 벗기 88
6회 : 영성 훈련 94
7회 : 비구조화 종합 훈련 100

〈부록 1- 관찰자 및 평가 양식〉 108
〈부록2-감수성 후기 및 보고서〉 115
〈부록3-상담자 발달단계〉 124

인성교육전문가 · 상담전문가를 위한
감수성 훈련 워크북

단계	중점 목표 및 훈련 방법
초급	민감성을 기르기 위한 기초 과정으로 개념을 이해하고 경청 · 표현 · 공감 · 자각 · 직면 등의 기술을 습득한다.
중급	민감성과 투명성을 개발하여 자신의 내면을 객관적으로 보고, 자신의 시각에 기초한 투사적 사고와 전이 감정을 구분할 수 있도록 한다. 타인에게는 솔직하게 피드백함으로서 타인의 거울이 되어준다.
고급	투사적 시각이 아닌 객관적이고 통합된 시각을 기른다. 그리스도의 사랑에 기초한 통합된 마음으로 자신을 보고 타인에게는 사랑의 직면 중심으로 자신이 미처 보지 못하는 악과 문제를 볼 수 있도록 돕는다.

1. 초급 감수성 훈련

초급 감수성 훈련 개요

회	주제	내용
1	오리엔테이션	집단원과 만남의 시간을 갖고 감수성 훈련 전반에 대해 이해하며 훈련 목표에 대해서 이해한다.
2	심정대화	경청 훈련과 심정까지 알아주는 심정대화가 어떤 것인지 알고 습득할 수 있도록 훈련한다.
3	공감	공감에 대해서 이해하며 공감이 몸에 배이도록 훈련한다.
4	감정표현	자신의 감정을 잘 표현하고 개방할 수 있도록 훈련한다.
5	자각	자신·타인·상황에 대해서 알아차리도록 하는 자각훈련을 한다.
6	직면	다른 사람을 돕고자 선한 동기를 가지고 상대가 미처 보지 못하는 부분과 불일치를 보고 직면해본다.
7	비구조화 종합 훈련	초급 감수성훈련의 목표에 따라 감수성 기술을 얼마나 익혔는지 종합적으로 평가해 본다.

1회 감수성 초급 오리엔테이션

첫 만남의 시간

💌 별칭 짓기

자신을 상징할 수 있는 것 또는 자신의 소망이나 기대를 담은 것 등으로 자유롭게 별칭을 짓는다.

💌 만남의 시간 가지기

별칭에 대한 소개, 자신에 대한 소개, 모임에 대한 기대를 나누되 어떤 형식에 구애받지 않고 원하는 대로 소개한다.

💌 타인에 대한 피드백

첫 만남에 대하여 자신의 마음에 가장 인상 깊었던 멤버가 있다면 왜 그런지 그 이유를 탐색해보고 그것을 나눈다. 이때 타인에 대한 평가나 해석보다는 자신의 마음에 일어난 역동 중심으로 나눈다.

1. 감수성훈련 오리엔테이션

1) 감수성 훈련 안내

감수성 훈련은 미국의 국립훈련실험연구소(National Training Laboratory)에서 개발되었다. 이 훈련은 자신의 행동과 타인의 행동에 대하여 정확하게 이해하고 이를 표현할 수 있도록 교육하기 위하여 고안된 집단교육 또는 집단치료의 방법이다.

감수성은 자신에 대하여 민감하게 알아차리는 자기 감수성, 다른 사람을 알아차리는 타인 감수성, 집단 전체를 알아차리는 집단 감수성 등을 의미하며 미술이나 음악적 감각과 같은 감수성을 의미하는 것은 아니다. 따라서 감수성이 개발된 사람은 자기와 타인, 또는 집단 분위기를 민감하게 느낄 뿐 아니라 그 상황에 가장 적절한 행동을 자유롭게 할 수 있는 행동의 유연성을 가지게 된다. 이러한 감수성 훈련을 티그룹(T-group)[1]이라고 부르기도 한다.

2) 감수성 훈련의 특징

① 집단의 구성은 연령이나 직업 등이 다른 8명에서 15명 정도로 구성되고 1명이나 2명의 지도자가 이끈다.
② 집단의 목적은 감수성의 계발을 통한 개인의 성장과 이를 통해 개인이 속한 조직의 발달을 촉진하는 데 있다.
③ 훈련의 초점은 개인의 행동이 남에게 어떤 영향을 어떻게 미치느냐 하는 점에 둔다.
④ 교육 방법에는 '지금 그리고 여기'의 행동을 탐색하여 이 행동에 대한 피드백

---

[1] T-집단은 매우 다양한 형태를 망라하는 일반적 용어이다. 이를 칭하는 용어로써 인간관계집단, 훈련집단, 참만남집단, 감수성집단, 마라톤집단, 인간잠재력집단, 직면집단, 경험적 집단 등의 다양한 이름이 있다. T-집단은 1946년 Kurt Lewin에 의해서 시작되었다. 인종차별문제를 해결하기 위해서 집단간 긴장을 효과적으로 다룰 수 있도록 코네티컷주의 요청으로 실시하여 작은 집단을 모아 워크샵을 실시하여 집단내의 문제와 집단 간의 문제를 분석한 것이 시초이다. 이 실험이 너무나 성공적이어서 유사한 실험실들이 계속적으로 열리기 시작했다.

(feed-back)을 중심으로 이루어진다.
⑤ 훈련 참가자들은 자신의 경험을 통해서 학습할 수 있는 교육적 분위기를 스스로 만들어가는 역할을 한다.
⑥ 감수성 훈련의 결과로 온정적 태도와 자기주도성, 공감적 이해와 자아존중감 등이 증가된다. 이러한 감수성은 상담자나 지도자에게 꼭 필요한 자질이므로 상담자나 지도자의 길을 가기 원하는 분들을 위하여 고안된 훈련이기도 하다.
⑦ 성경적인 영성 훈련을 갖는 것을 목적으로 한다. 그리하여 자신의 영성 수준이 어떠한지 알고 하나님이 원하시는 사람이 되도록 훈련한다. 이를 위해 새로운 피조물로서 자유로움과 선한 삶을 살아가는 것을 목표로, 새로운 인격 형성을 위한 감수성을 기르도록 훈련한다.

3) 진행안내

- 기도로 준비하는 마음을 가진다.
- 시간을 엄수한다.
- 초급·중급 훈련 과정
  ➜ 현재의 느낌 나누기 10분
  ➜ 강의 20분
  ➜ 실습 50분
  ➜ 휴식 10분
  ➜ 강의 20분
  ➜ 실습 50분
  ➜ 마무리 20분(총 180분 정도 소요됨)

- 고급 훈련 과정: 고급과정은 강의없이 바로 실습으로 이어진다.
  ➔ 현재의 느낌 나누기 10분
  ➔ 실습 60분
  ➔ 휴식 10분
  ➔ 실습 60분
  ➔ 마무리 20분

4) 지켜야 할 규칙

① **자기와의 만남**: 모든 말과 행동을 자기와의 만남으로 통합하여 자기 속의 느낌으로 표현한다. 자기와의 만남을 위해서는 우선 자신의 속마음을 들여다보고 자기의 내면세계에 귀를 기울이는 일부터 시작해야 한다. 이것은 무척 소중한 일이지만 어려운 일이며 두렵기도 하고 고통스러울 때도 있다. 힘이 들고 고통스럽다 하더라도 감수성 훈련 과정 중에는 자기를 만나기 위해서 끊임없이 노력하도록 한다.

② **평등성**: 훈련생들은 인격적인 존재로 남녀노소의 차이가 있을 뿐 평등한 존재이다. 사회적인 지위, 연령, 학력, 경제력 등으로 자기를 포장하고 있었던 것들을 용기를 내어 과감히 내려 놓는다. 남들과 나는 다르다는 사실을 받아들이고 나와 다르다고 해서 비교하거나, 무시하거나, 뜯어고치려 들지 않으며 자신에 대해서도 마찬가지로 대한다. 있는 그대로의 자기와 있는 그대로의 남을 이해하고 용납하며 허용한다.

③ **배려**: 사랑의 마음으로 나와 다른 사람을 살피며 인격적으로 만난다. 내가 소중하다고 해서 남을 무시하지 않으며, 남이 소중하다고 해서 나를 무시하지 않겠다는 태도를 가진다. 만남이란 나를 남에게 맞추자는 것도 아니고 남을 나에게 맞추려 드는 것은 더더욱 아니기 때문이다.

④ **지금-여기**: 감수성 훈련의 가장 중요한 원칙이다. 모임 중에는 항상 '지금-여기'를 사용한다. 사람들은 대부분 여기에 초점을 맞추지 못하고 과거에 집착되어 있다. '지금-여기'에서 일어나는 일과 느낌이 무엇인지 알아야 한다. 이 훈련에서는 생각보다 감정을 우선시하며 훈련에서 있었던 일들은 그 시간 안에 정리하도록 한다. 과거의 이야기를 해야 되는 경우는 과거의 감정이 아닌 현재 시각으로 말한다.

⑤ **감정조절**: 감정을 있는 그대로 느낀다는 것을 원색적으로 표출해도 된다고 오해하는 경우가 종종 있는데 감정을 '느끼는 것'과 '폭발하는 것'은 다르다. 감정을 조절하지 않은 채 폭발하면 다른 사람에게 상처를 줄 수 있다. 그러므로 자신의 감정을 잘 알아차리고 타인에게 상처를 주지 않으면서도 자신의 감정을 있는 그대로 표현하도록 연습한다.

⑥ **감수성 목표 확인**: 감수성의 목표를 자주 확인하여 자신이 얼마나 변화되고 있는지 점검한다.

⑦ **부정적 감정 씻기**: 실습 시간 이후에는 뒤풀이(Debriefing)시간이 있다. 이 시간은 실습 시간에 있었던 섭섭하거나 상처받은 것을 정리하는 시간이다. 뒤풀이 시간에는 실습에서 있었던 일들을 객관화시켜서 정리를 한다. 그러나 뒤풀이는 상처를 해결하는 시간은 아니며 훈련 때 받은 직면이나 상처는 훈련 시간에 해결해야 한다.

⑧ **규칙 준수**: 결석과 지각을 하지 않으며, 별칭 사용하기 등에 대한 규칙을 준수한다. 규칙에 대해서는 주도적으로 책임을 진다.

⑨ **비밀 준수**: 가장 중요한 규칙 중의 하나로 이곳에서의 이야기는 반드시 비밀로 한다.

5) 말(언어표현)에 대한 지침

① 생각보다는 느낌을 말한다.

② '지금·여기'의 떠오르는 이야기와 느낌을 말한다. 과거에 집착하거나 미래의 허황된 이야기에 빠져서는 안 된다.

③ 논리적인 이론이나 해석, 설명은 가능한 한 피한다.

④ 일반적이고 통속적인 지칭(우리 아빠, 여성들, 인간들, 우리들, 그 사람)보다 구체적인 사람과의 만남(나, 너, 수명이 등)으로 말한다.

⑤ 어떤 사람이나 무엇에 관하여 말하지 않고 바로 '나'와 '너'의 직접적인 만남에서 '나의 의사'를 건네주어야 한다. 건너뛰어서 '너는… 생각하는 모양인데' 하면서 경계선을 넘나들지 않아야 한다.

⑥ 완곡하게 돌려서 말하거나 뒤통수치지 말고, 간결하고 선명하게 직접 말한다.

⑦ 전문 용어나 외래어 등 어려운 표현보다는 생활에서 쓰는 쉬운 말로 말한다.

⑧ 말꼬리를 돌리는 조건문장('네… 그러나', '그런데…')보다는 계속 말을 이어가는 '그리고'를 사용한다. 가정법('만약에')도 사용을 줄인다.

⑨ 따지거나 심문하지 않고 말을 터주기 위해 '왜'보다는 '어떻게'로 바꾸어 말한다.

⑩ 피드백을 줄 때 상대방으로부터 받은 구체적인 자료에 근거하여 이야기한다.

⑪ 상대방의 얼굴을 마주 보고 눈을 부드럽게 바라보면서 대화를 나누어야 한다.

⑫ '글쎄' 하는 애매한 말을 '그래', 아니면 '아니요'라고 분명히 말한다. 따라서 '…같아요.'를 '…이다.', '…아니다.'로 분명히 말한다.

2. 교육 목표

1) 감수성 훈련의 목적

그리스도인으로서의 새 인격을 목표로 하여 자신 및 하나님과의 관계, 자신 및 대인관계에서의 자각에 의한 민감성을 기르는 것이 목적이다. 이를 위해 다음과 같은 목표를 갖는다.

① 하나님과의 관계에서 오는 깊은 사랑의 영성 개발
② 영적 통합성, 진리 안에서의 자유로움, 선한 마음, 진실성, 투명성 향상
③ 자신과 타인, 집단에 대한 감수성 개발
④ 경청 및 공감능력 기르기, 자신 및 타인을 무조건적이며 긍정적 수용
⑤ 임상적 시각, 문제해결 능력 및 치료기술 향상

2) 변해야 할 목표

① **생각의 변화**: 내 생각 속에 알게 모르게 입력된 왜곡된 시각을 분별하여 버리고 사람을 있는 그대로 수용하는 시각을 회복한다. 잘못된 시각을 바꾸어 자신뿐 아니라 타인을 정죄하고 판단하는 생각을 찾아내어 버린다.

② **느낌의 변화**: 자신의 느낌을 자각하며 타인의 느낌에 대해 거울이 되어 줄 수 있는 객관성을 키워간다.

③ **행동의 변화**: 진정한 변화는 자연스럽게 행동의 변화가 일어난다. 좋은 행동을 할 수 있도록 생각과 느낌이 변하도록 지속적인 연습이 필요하다.

④ **영성의 변화**: 새사람, 새 인성으로 변화되기 위해서 영원한 사랑으로 나를 수용하시는 하나님의 시각으로 나와 타인을 바라본다.

⑤ **새 가치의 변화**: 성경적인 새 가치로 변화되기 위해 한국인의 전통 양식과 사회병리가 자신 안에 얼마나 있는지 발견하고 치유한다.

3) 경험 중심 훈련

교육의 방법으로는 이론 중심이 아닌 경험중심의 교육방법을 취하며 지도자 위주가 아니라 훈련생 위주의 교육을 한다. 따라서 일차적 교재는 인도자와 훈련생이다. 2차적 교재는 감수성 훈련 워크북이다(그 외 심수명 박사의 저서를 참고하면 된다). 이론적 교육이 강사 중심의 하향식 교육이라면 경험적 교육은 인도자와 학생이 중심이 된다. 배움을 크게 하기 위해서는 자기관찰 일지를 쓰고 자신이 설정한 목표대로 변화되기 위해 노력해야 한다.

감수성 훈련은 성경적이며 인격적인 인간관계를 형성하고 실제로 인간관계를 맺는 방법을 배우는 실험실이다. 대인관계가 왜 잘 안 되는지, 공감은 어떻게 하는지, 자기노출은 어떻게 하는지 등에 대해 실제적으로 경험해 보는 살아있는 학습의 장이다. 이를 위해 다음의 방식으로 모임을 진행한다.

① 주도적 자기표현 및 투명한 자기 개방하기
② 생각과 느낌의 구분 및 주관과 객관의 구분하기
③ 투사적 사고 구분하기
④ 타인에 대한 배려와 눈치 보는 것 구분하기
⑤ 사랑으로 타인을 다루는 사랑의 능력과 상담능력 기르기

 나눔

1. 감수성 훈련에 대한 느낌이나 생각 나누기

감수성 훈련에 대한 이해와 목표, 여러 가지 규칙들을 보면서 마음에 떠오르는 생각(긍정적, 부정적)이나 느낌을 솔직하게 나누어 본다. 이때 다른 사람을 의식하거나 잘 보이고 싶은 마음, 부정적인 마음 등의 내면의 역동이 있다면 그것이 무엇인지 과감하게 표현해 본다.

2. 자신의 모습 나누기

다음은 한국인의 병리 심리와 일반인의 인성, 그리고 감수성 훈련의 목표로서의 새 사람의 인성을 비교해 놓은 것이다. 자신에게 해당하는 모습에 표시를 하고 집단에서 나눈다.

번호	한국인의 병리심리	일반인의 인성	새사람의 인성
	해당되면 오른쪽에 표시	해당되면 오른쪽에 표시	해당되면 오른쪽에 표시
1	이중성(억압)	이중성	일치성
2	회피성	애매	투명성
3	의존성	생각의 정직중심	느낌의 정직중심
4	불신	위선	진솔/순수
5	수동적 공격성	악의적	선의적
6	합리화(변명)	폐쇄적	개방적/신앙적
7	과잉 일반화	배타적	수용적/하나님의 뜻 중심
8	집착(투사)	회피(우회적)	직면(직설)적
9	기분중심	전통적/관례적	창의적
10	운명적/궁합	타율적	자율적/ 중도성
11	행운중심	일률적	자연스러움
12	운명적 사고	당위성	진리 안에서 자유로움
13	피해의식	경직성	유연성/ 융통성
14	뒷이야기	즉흥성	의도적(계획적)
15	경쟁의식	억압적	표현적
16	거품(과시)	순응적	개성적
17	끼리끼리	집단주의	합리적 개인주의 (성경적 공동체)
18	형식중심(체면)	수동적	주도적
19	의도(뜻)중심	이상적	현실적
20	자기중심	불신적	신뢰적
21	편견/왕따	이론적	실제적(경험적)
22	인맥중심	비합리	합리적/성경적
23	집단 이기주의	권위적(나-그것관계)	평등성(나-너관계)
24	권위주의	과거중심	현재중심/하나님 중심
25	대강주의	경계 불분명	경계 분명
26	요령중심	대강(요령)주의	전문성

번호	한국인의 전통적 행동틀		사회병리		새가치	
	해당되면 오른쪽에 표시		해당되면 오른쪽에 표시		해당되면 오른쪽에 표시	
1	정 중심		이기주의		인격중심	
2	눈치로 배려하기		졸부행태		전문성 추구	
3	문(文) / 선비사상		황금만능		통합적 사고	
4	남자 선호사상		과시병		탁월성 추구	
5	충성관계(君臣有義)		주체성 부재		공동체 지향	
6	효심관계(父子有親)		임시변통주의		합리적, 성경적 사고	
7	신의관계(朋友有信)		연고주의		신앙중심	
8	상하관계(長幼有序)				순종과 절제	
9	부부도리(夫婦有別)				미래지향의식	

 마무리

  1회 훈련 오리엔테이션을 마치면서 소감과 다음 모임에 대한 기대를 나누도록 한다.

2회 경청·심정대화를 통한 감수성 훈련

💟 지금- 여기에서 만나기

모임을 시작하면서 느껴지는 나의 감정을 중심으로 간단히 자신의 마음을 나눈다. 이때 자신의 감정에 너무 몰두한 나머지 이야기의 흐름을 잃어버린다던지, 이야기를 듣는 사람에 대한 고려 없이 감정에 몰입해 있지는 않은지 자각하면서 이야기를 한다. 듣는 사람은 상대방의 이야기를 경청한다.

💟 강의

1. 경청의 개념

경청이란 상대방의 말을 통하여 그의 감정을 듣는 것이다. 말의 내용을 파악할 뿐 아니라 상대방의 몸짓, 표정, 그리고 음성의 섬세한 변화까지도 알아차리고 저변에 깔려 있는 메시지를 감지하며, 나아가서 그 사람이 말하지 못한 내용까지도 직감적으로 느끼는 것이다. 스티븐 코비는 경청의 수준을 다섯 단계로 나누었으며 그 중 공감적 경청만이 상대방의 패러다임에서 듣는 것이라고 하였다.[2]

2. 경청의 태도

바람직한 경청의 태도는 다음과 같다.

① **말하는 사람을 바라본다.** 상대방을 바라보는 것은 '나는 당신과 함께 있다. 당신에게 도움이 되고 싶다.'라는 뜻을 전달하는 것이다.
② **진지한 자세를 취한다.** 팔짱을 끼거나 다리를 꼬고 앉아 있는 것은 도울 태세가 제대로 갖추어져 있지 않다는 생각을 품게 만들 수 있다.
③ **이따금 상대방 쪽으로 몸을 기울인다.** 상체를 약간 기울이는 것은 '나는 당신이 하는 말에 관심이 많다.'는 뜻을 전달해 준다.
④ **좋은 시선 접촉을 유지한다.** 내담자와 부드럽고 좋은 시선의 접촉을 유지한다는 것은 '당신에게 관심을 느끼고 있다. 당신이 하는 말을 듣고 싶다.'는 뜻을 전달해 준다.
⑤ **편안하고 자연스러운 자세를 취한다.** 편안한 자세는 긴장하거나 주의를 흐트러 뜨리는 표정을 짓지 않으며 몸가짐을 편안하고 자연스럽게 하는 것이다.

3. 경청의 내용

1) 내담자의 언어적 메시지와 경청

언어적 메시지를 들을 때에는 그 메시지가 전달하고자 하는 것이 무엇인지 잘 들어야 한다. 메시지 속에는 내담자의 경험, 행동, 그리고 정서가 배어 있다.

만약 직장에서 해고당했다고 말한다면 내담자는 그 경험을 자기가 처한 문제 상

---

2) Stephen R. Covey, The 7 Habits of Highly Effective Families, 김경섭 역, 「성공하는 가족들의 7가지 습관」 (서울: 김영사, 1998), 270.

황으로 보는 것이며, 담배와 술을 많이 한다고 말하거나 대부분의 시간을 공상으로 보낸다고 말한다면 그는 행동을 자기의 문제 상황으로 보는 것이다.

내담자가 말하려고 하는 것, 문제 상황을 기술할 때 드러내는 경험과 행동과 감정, 그리고 무엇을 보태고 무엇을 빼려고 하는지 주의 깊게 경청해야 한다.

2) 내담자의 비언어적 메시지와 경청

내담자는 비언어적 행동을 통해서도 메시지를 전달하므로 이러한 메시지를 왜곡하거나 확대하지 않고 '읽는 방법을 학습'할 필요가 있다. 경우에 따라 내담자의 얼굴 표정, 몸의 움직임, 목소리의 톤, 신체적 반응이 말보다 더 많은 메시지를 전달한다.

매러비안(Mehrabian)의 연구에 따르면 사람들은 의사소통에서 말은 7%밖에 사용하지 않는 반면에 목소리는 38%, 얼굴 표정은 55%나 사용한다고 한다. 또 얼굴 표정과 말이 일치하지 않을 때 사람들은 말보다 얼굴 표정을 더 신뢰한다고 한다.[3] 뿐만 아니라 비언어적 메시지는 마침표, 물음표, 느낌표, 밑줄과 같이 언어적 메시지를 수정하거나 강조하는 역할도 한다.

3) 내담자가 처한 상황의 경청

인간의 행동은 언어적 메시지와 비언어적 메시지로 다 이해할 수 있는 것은 아니다. 상대방을 깊이 경청한다는 것은 내담자가 '살아가고, 움직이며, 몸담고 있는' 상황이 미치는 영향까지도 경청하는 것을 말한다. 예를 들어 그 사람의 자녀가 병들어 고통 중에 있다면 그 상황을 짐작하여 경청하는 것이다.

4) 냉철한 경청

내담자가 말하는 이야기를 경청할 뿐만 아니라 내담자의 경험, 행동, 정서를 객관

---

3) A. Mehrabian, Public Place and Private Spaces, (New York: Basic Book, 1976).

적으로 관찰하고 더 나아가 내담자의 독특한 관점이나 경향까지 경청할 수 있어야 한다. 내담자의 가치관과 생각에 대해 있는 그대로 경청해주고 공감해 주면서도 사실과 다르게 왜곡하고 있는 경우, 이것에 대해서도 냉철하게 지각하고 있어야 한다. 예를 들어 한 여성 내담자가 실제로는 미인이지만 자신이 못났다고 생각한다면 자신이 추하다고 느끼는 내담자의 경험은 사실이며, 상담자는 이를 경청하고 이해해 주어야 한다. 그러나 그녀의 경험은 사실과 일치하지 않으므로 상담자는 이것 역시 경청하고 이해해야 한다.

4. 심정대화의 개념

대화란 무엇이든 진솔하고 자유롭게 표현할 수 있는 분위기 속에서 둘 이상의 사람들 사이에 이루어지는 의사소통 과정이다. 이것은 일방적 의사전달이 아닌 상호의사 소통이며, 정보나 사실뿐만 아니라 의견이나 감정도 전달하고 교환하는 것이다. 인간의 모든 행동은 대화이며 대화는 언어 대화와 비언어 대화로 나뉜다.

이러한 일반적인 대화개념에서 한걸음 더 깊은 만남인 심정대화는 상대방의 심정을 알아주는 대화이다. 심정이란 단어는 마음을 뜻하는 '심(心)'과 정서를 뜻하는 '정(情)'의 합성어로서 정은 '마음속에 있으며, 마음으로 느껴진 정서'를 말한다. 한국인들은 가장 가까운 사람과의 관계를 표현할 때 '심정이 통하는 친구'라고 말한다. 다시 말해 한국인에게 있어 정(情)이 든다는 것은 서로가 서로에게 좋아하는 마음, 친밀감, 아껴주는 마음을 갖는 것을 말하며, 이러한 마음을 서로 공유하고 있다는 것을 의심할 수 없는 기정사실로 확인할 수 있는 것을 말한다. 따라서 심정대화란 심정을 이해해주고 공감해주는 마음과 자세로 심정을 토로하는 자체만으로도 문제의 반은 해결될 수 있다는 가능성을 생각하면서 마음으로 하는 대화라고 할 수 있다.

5. 심정대화의 실제

1) 요약하기(20%)

메시지의 내용을 정확하게 압축해서 반사하는 것으로서 화자의 말을 약간 사용해 가면서 자신이 이해한 말로 정리하여 재진술하는 것이다.

2) 상대방의 심정 알아주기(70%)

상대방의 말을 요약한 후에 상대방의 심정이 어떠했는지 그 사람의 입장에서 상상해보고 그것을 말로 표현해 주는 것이다. 상대방의 심정을 알아주기 위한 말은 다음과 같다. "당신은 (슬픈, 굉장히 염려되는, 두려운, 놀라운, 화가 나는, 흥분된…) 감정을 느낀 것 같습니다." 또는 "당신이 느끼는 것은 이러저러한 느낌이라고 추측됩니다."

3) 내 심정 전달하기(10%)

상대방의 이야기에 깊이 공감하면서도 나의 진솔한 심정을 직접적으로 전달하는 것이다. "당신의 이야기를 듣고 당신의(슬픈, 굉장히 염려되는, 두려운, 놀라운, 화가 나는, 흥분된…) 한 느낌이 전해지면서 내 마음은 이러했습니다."라고 나의 심정을 전달한다.

---

1) 요약하기(20%)

"하나님께 10년 이상을 기도한 제목이 있는데 아직까지 응답이 되지 않으셨다구요."

2) 상대방의 심정 알아주기(70%)

"그래서 참 속상하고, 하나님이 과연 내 기도를 듣고 계신 것인지 의문도 들고, 내가 잘못 기도하고 있는 것은 아닌지 자책도 들고, 계속 기도를 해야 되는 것인지 의아함도 들면서 매우 실망되는 마음이 있지 않겠나 하는 생각이 듭니다."

3) 내 심정 전달하기(10%)

"당신의 이야기를 들으니 저도 참 안타까워서 위로드리고 싶습니다."

 나눔

1. 심정대화 연습을 통한 감수성 훈련

일주일의 삶 중에서 느꼈던 희로애락을 이야기하도록 한다. 이야기하는 사람은 자신이 말하고자 하는 바대로 잘 전달되는지 자각하면서 이야기를 하고 이야기를 듣는 사람은 심정대화의 원칙에 따라 반영을 한다. 대화 연습을 다 마친 후에 들은 소감(자신에 대한 발견, 타인에 대한 발견, 내면에서 일어나는 긍정, 부정의 역동 등)을 솔직하게 나눈다. 만약 말하고 싶지 않은 것이 있으면 왜 그런지 그것도 살펴본다.

 마무리

이번 회기를 마치면서 들은 소감, 자신과 타인에 대한 발견을 나누고 다음 모임에 대한 기대를 나누도록 한다.

3회 공감을 통한 감수성 훈련

 지금- 여기에서 만나기

  모임을 시작하면서 느껴지는 나의 감정을 중심으로 간단히 자신의 마음을 나눈다. 이때 자신의 감정에 너무 몰두한 나머지 이야기의 흐름을 잃어버린다던지, 이야기를 듣는 사람에 대한 고려 없이 감정에 몰입해 있지는 않은지 자각하면서 이야기를 한다. 듣는 사람은 상대방의 이야기에 경청한다.

 강의

1. 공감의 개념

  공감이란 '즐거워하는 자들로 함께 즐거워하고 우는 자들로 함께 우는(롬12:15) 것'으로 말하는 사람과 듣는 사람이 같은 수준에서 느끼는 것을 의미한다. 즉 상대방의 눈으로 보고 그가 느끼는 대로 느끼며 그 사람 속으로 들어가 그의 생각이나 말하는 구조로 세계를 보는 것이다. 또한 그가 깨달은 대로 이해할 수 있는 의사소통 방법이며 그의 감정과 행동을 알게 되는 능력이다.

일반적 공감이 감정을 정확하게 파악하거나 정서적 의도를 지각하는 수준이라면, 수준 높은 공감은 인간의 마음속에서 샛별처럼 빛나는 긍정적이고 가능성 있는 내면의 동기를 찾아내어 그 동기가 현실 세계에서 발휘될 수 있도록 그의 마음에 임재하여 격려, 자극하는 것이다.

이러한 공감은 인간 생존을 위한 심리적 산소이기 때문에 사람은 공감이 있는 곳에서 자유롭게 숨 쉴 수 있다. 성자는 공감해 주는 에너지가 100%에 이르는 사람이라고 한다. 하지만 모든 사람이 어떻게 성자가 될 수 있겠는가? 그럼에도 상대방을 공감해 주는 능력이 많은 사람일수록 가정과 교회, 이 사회에 기여하는 사람이 될 것이며, 모든 관계에서 매우 생산적이고 창의적인 지도자가 될 것이다.

공감의 개념을 요약하여 정리하면 다음과 같다.

첫째, 사람의 마음속에 숨어있는 내면의 동기(1퍼센트라도 긍정적인 동기)를 찾아내는 것이다.

둘째, 겉으로 드러난 행동만 가지고 판단을 내리는 것이 아니라 가슴 깊이 숨어있는 단 1%일지라도 선한 마음을 만나 그 마음을 일깨워 주는 것이다.

셋째, 상대방에게서 부정적인 동기가 보이더라도 그의 고통을 알아주고 치유적인 어루만짐으로 돌보되, 긍정적인 동기에 초점을 두어 격려와 지지를 하는 것이다.

2. 동감과 공감의 차이

1) 동감(sympathy)

동감이란 객관적인 성찰 없이 상대방 속에 감정적으로 몰입되어 아무런 방향 없이 함께 울고 웃으며 그의 세계 속에 깊이 빠져버리는 것이다. 이는 내담자를 단순히 불쌍히 여기는 것이며 내담자와 심리적으로 공모를 하는 것이다. 이럴 때 상대방의 감정에 포로가 되어 방향을 잃어버리게 된다. 이 경우 더욱 문제가 되는 것은 상담자가 내담자의 감정과 일치되어 내담자를 도울 수 있는 객관적 방향을 놓치는 것이다. 이런 경우에 나타나는 실수는 내담자와의 대화 중 거론되는 사람이나 사건에 초점을 두어 함께 그를 비난하거나 두둔함으로 내담자의 마음을 만나지 못하게 되는 것이다.

2) 공감(empathy)

자기 안에 있는 자아의 객관적 기능과 주관적 기능을 잘 구분하여, 자아의 객관적 기능은 자기와 상대방의 감정을 성찰하고 분별하여 치료적 방향으로 이끌어주고, 주관적 기능은 상대방의 마음속에 들어가서 함께 울고 웃는 관계를 가지는 것이다. 공감은 자아의 객관적 기능과 주관적 기능이 균형을 이루어 내담자의 감정을 읽으면서도 상담자의 감정을 조절하여 치료에 도움을 줄 수 있는 관계를 형성하는 것이다.

이러한 공감적 기법은 대화 중 내담자의 삶(감정)에 초점을 두어 그가 대화 가운데 사람이나 사건을 거론해도 오직 내담자의 심정에만 관심을 가지는 것이다. 이때 내담자와 깊은 만남이 일어나며 치료적 관계뿐 아니라 문제해결이 일어난다.

3. 공감사용의 원칙

공감을 사용할 때는 다음 사항을 유념해야 효과적이다.

① 상담 과정 중에는 항상 공감을 사용한다. 공감은 사람들과의 접촉 양식으로 관계를 형성하고 대화에 윤활유 역할을 하며 성찰을 일으켜 상대방에게 사회적 영향력을 미칠 수 있게 한다.
② 핵심 메시지에 대한 선별적 반응이 필요하다. 내담자가 하는 모든 말에 다 공감해 줄 수는 없다. 따라서 내담자를 성장으로 이끌 수 있는 핵심 메시지를 찾아 여기에 반응해야 한다.
③ 말과 상황에 대해 반응해야 한다. 좋은 공감적 반응은 내담자의 직접적인 말이나 비언어적 행동에만 토대를 두는 것이 아니라 내담자가 놓인 상황, 즉 내담자를 '둘러싸고' 있고 내담자의 말에 스며 있는 모든 것을 고려해야 한다.
④ 상담의 촉진을 위한 공감이어야 한다. 공감은 상담 관계를 형성하는 데 아주 좋은 도구이며 상담의 목표를 달성하는 데에도 매우 유용한 도구이다.
⑤ 상담자의 공감이 정확한 것인지, 부정확한 것인지에 대해서는 내담자의 확인을 통해 알 수 있는데 부정확한 경우엔 수정이 필요하다.

4. 공감의 주의사항

① 이해하는 척하지 말아야 한다. 어떤 경우든지 상담자는 내담자의 이야기를 이해하는 척해서는 안 된다. 진실한 상담자는 이를 인정하고 "내가 제대로 듣지 못한 것 같네요. 다시 한 번 이야기해 주세요."하고 진솔하게 말해야 한다.
② 무반응을 보이지 않아야 한다. 문화권에 따라 침묵에 대한 반응이 다를 수 있겠지만 상담자가 반응을 보이지 않을 때 내담자는 자기가 한 말이 반응을 얻을

만한 가치가 없다고 여기기 쉽다.
③ 주의를 분산시키는 질문을 삼가야 한다. 이것은 상담자가 단지 정보를 얻기 위해 던지는 질문이다.
④ 빈말처럼 여겨지는 상투적 어구는 피해야 한다. 이러한 어투는 상담자를 지시하는 사람처럼 보이게 하고 내담자의 문제를 하찮게 여긴다는 인상을 줄 수 있다. 이 외에도 해석, 충고, 의미 없이 되뇌이는 것 등은 공감이 아니다.

5. 공감의 유익

진정한 공감은 내담자가 이해 받았다는 느낌을 갖게 하고 상담자와 내담자간에 정서적 유대를 형성하며 내담자의 내적 치유를 돕는다. 그뿐만 아니라 다음과 같은 유익을 제공한다.

1) 다른 사람을 마음 깊이 만나게 한다.

공감은 더 깊은 수준으로 의사소통을 하게 하며 충분히 서로를 이해하도록 한다. 누군가 나의 마음속으로 들어와 느껴주는 것을 경험할 때 우리는 삶의 만족감이 극치에 이르는 경험을 하게 된다.

2) 사랑의 확신을 갖게 한다.

말만 이해하는 것이 아니라 메시지 뒤에 숨겨져 있는 핵심을 알아차려 그와 내면적 교류가 이루어질 때 내담자는 이해받고 수용받는다고 느껴 만족감을 갖게 된다. 진정한 공감은 그 존재 자체를 이해하고 받아들이는 아가페 사랑에 두어야 한다.

3) 자각과 통찰로 새로운 행동이 일어난다.

공감이란 나의 입장에서 상대방을 보는 것이 아니라 상대방의 느낌과 생각을 가지고 그를 볼 수 있는 능력을 말한다. 따라서 높은 수준으로 계속 공감해 주면 자신의 부정적인 감정까지 수용하면서 자신과 자신의 감정에 대해 더 많이 개방하게 된다. 그 결과 자신에 대한 통찰이 되어 새로운 행동을 할 수 있는 능력이 길러진다.

 나눔

1. 공감훈련을 통한 감수성 훈련

세 사람을 한 조로 하여 한 사람은 지금-여기에서 자기의 희로애락 중 제일 큰 감정을 진솔하게 이야기한다. 다른 한 사람은 이야기를 듣고 공감하는 역할을 하고 나머지 한 사람은 평가하는 사람(평가자)의 역할을 하도록 한다.

한 번의 역할이 끝나면 시계방향으로 역할을 차례로 바꾸어 실시한다. 조별 연습이 끝나면 전체 집단으로 모여 자신의 이야기를 하면 다른 사람은 말 한 사람의 이야기를 공감함으로 만남의 시간을 갖도록 한다.

 **마무리**

이번 회기를 마치면서 들은 소감, 자신과 타인에 대한 발견을 나누고 다음 모임에 대한 기대를 나누도록 한다.

4회 감정표현을 통한 감수성 훈련

지금- 여기에서 만나기

모임을 시작하면서 느껴지는 나의 감정을 중심으로 간단히 자신의 마음을 나눈다. 이때 자신의 감정에 너무 몰두한 나머지 이야기의 흐름을 잃어버린다던지, 이야기를 듣는 사람에 대한 고려 없이 감정에 몰입해 있지는 않은지 자각하면서 이야기를 한다. 듣는 사람은 상대방의 이야기에 경청한다.

강의

1. 감정 표현의 개념

감정이란 체험되는 느낌이나 기분, 즉 희로애락을 의미한다. 그리고 신체 내에서의 다양한 생화학적 변화(호흡과 맥박이 빨라짐, 근육수축, 혈액순환이 빨라지고 체온 급상승, 신체의 흥분, 경각심 증대)가 일어나는 것을 느끼는 것이다.

감정 표현이란 자신의 감정과 기분을 느끼고 그것을 말로 표현하여 나누는 것이다. 감정표현이 잘 이루어지면 마음과 마음의 심리적 만남으로 물리적 공간의 분위기가 바뀌는 놀라운 현상을 경험하게 된다. 그러나 감정 표현이 억제되어 심리적으로 과묵

하든지 억압하게 되면 자신도 어색할 뿐 아니라 대인관계나 하나님과의 관계에까지 어려움을 갖게 된다. 또 생리적인 문제뿐 아니라 심인성 질환으로까지 발전하게 된다.

2. 감정 표현의 과정

1) 자신과의 관계

첫째, 자기 안에 있는 감정을 있는 그대로 보고 받아들인다. 사소한 감정, 유치한 감정일수록 더 세심하게 신경을 써서 받아들이고 불쾌한 감정이 있으면 그것을 억누르지 말고 있는 그대로 인정해야 한다. 감정은 억누르면 억누를수록 격해지고 끝내 폭발하고 만다.

둘째, 부정적 감정을 겉으로 표현한다. 부정적인 감정이라 해도 거부하지 않고 인정해 주고 소중하게 다루면 긍정적 힘이 될 수 있다.

셋째, 부정적 감정과 자신을 동일시하지 말아야 한다. 불같이 화가 난다 해도 그 화가 나 자신은 아니다. 내 안에 큰 슬픔이 있다 해도 그 슬픔이 나는 아닌 것이다.

위의 방법에 따라 자신의 감정을 인정한 후에 표현하는 순서는 다음과 같다.

① 자신의 신체가 말하고 있는 점을 듣는다.
② 그 순간 자신의 감정을 느낀다.
③ 그 감정을 자신의 것으로 수용한다.
④ 자신의 감정을 감정의 언어인 느낌의 말로 표현한다.

2) 타인과의 관계

① 화자(말하는 이)의 입장에서 그를 이해하며 수용할 결심을 한다.
② 상대방을 향해 열린 마음을 말로 표현한다.

③ 상대방의 마음을 감지하고 포착해서 공감을 표현한다.
④ 화자가 부정적으로 표현할 때 긍정을 향한 몸부림임을 깊이 이해한다.
⑤ 화자의 긍정적인 감정을 찾아 적극적으로 표현하여 그것이 그의 본마음임을 알려준다.

3. 생각과 감정의 관계

"생각은 감정을 만들고, 감정은 습관을, 습관은 태도를, 태도는 운명을 만든다."는 격언이 있다. 우리가 가진 생각은 우리의 감정과 행동의 원천이 되고 궁극적으로는 대인관계의 근원이 된다. 생각은 이토록 큰 영향을 미치고 있다. 현대 인지심리학은 사람의 감정도 생각에서 영향을 받고 있음을 증명하고 있다. 따라서 건강한 생각에서 건강한 감정이 나오고 부정적 생각에서 부정적 감정이 나오는 것이다. 그러므로 생각의 전환이 이루어지면 감정도 바뀔 수 있다.

〈 느낌언어 찾기 〉

표현 A (나는 이렇게 느낀다)	표현 B (왜냐하면…)
나는 기분이 좋다.	왜냐하면 월급을 타는 날이라서
나는 매우 반가웠다.	왜냐하면 오랜만에 고향친구를 만나서
나는 매우 유쾌했다.	왜냐하면 음식이 맛이 있어서
나는 매우 놀랍고 우울했다.	왜냐하면 뉴스에서 비행기 사고가 터졌다고 해서
나는 신나고 즐거웠다.	왜냐하면 내가 좋아하는 프로야구팀이 이겨서
나는 기분이 개운치 않다.	왜냐하면 더워서 밤잠을 설쳤더니

우리는 표현 A에서 아무런 문제도 발견할 수 없다. 하지만 표현 B로 바꾸어 보니 감정과 그 감정을 일으킨 배경이 선명하게 나타나는 것을 알 수 있다. B라는 상황은 A라는 감정이 생겨난 배경이자 원인이다.

이렇듯 감정을 만들어내는 것은 상황이 아니라 자신의 생각이다.

4. 감정 탐색 훈련

  자기 자신의 속마음을 알고, 자기의 내면세계를 알아차리기 위해서는 자신의 감정에 귀 기울이는 일부터 시작해야 한다. 자신의 내면 감정을 들여다보는 것은 무척 소중하고 의미있는 일이다. 감정 안에 자기 자신이 있기 때문이다. 그런데 자신의 감정을 알아차리기란 쉽지 않아서 많은 에너지와 수고가 필요하다.
  그중에서도 부정적인 자신의 감정을 보는 것에 더 집중해야 하는데 그 이유는 사람들은 부정적인 감정을 자기 자신과 동일시하기 때문이다. 자신의 감정과 자신은 다른데 사람들은 존재와 감정, 존재와 행위를 구분하지 못하고 같은 것으로 생각하는 경향을 가지고 있다. 그 결과 부정적인 자신의 모습을 회피·억압·부인하면서 자신의 부정을 효과적으로 처리하지 못하곤 한다.
  이렇게 되면 자신도 힘들지만 다른 사람에 대해서도 이런 부정의 모습을 투사하여 부정의 관계를 만들어가곤 한다. 자신의 부정을 보는 것은 힘든 일이지만 힘든 감정이나 괴로운 감정을 직면하고 받아들일 수 있으면 그것이 바로 자기의 내면 세계를 풍성하게 만드는 밑거름이 될 수 있다. 역설적이지만 마음속에 있는 괴로움을 해결하고 넘어가기 위해서는 내면의 감정을 억압하지 않고 만나야 한다.

  이 외에도 현상과 인식의 차이를 인식하면서 자신의 감정을 찾아야 한다. 사람들이 현실이라고 이야기하는 것은 실제로 있는 그대로의 현실이 아니라 자기가 인식한 현실이다.
  따라서 그 순간 화가 나거나 고통스럽거나 기쁘고 즐거운 감정은 자신의 생각에서 나온 감정인 것이다. 그러므로 왜 이런 감정을 가지게 되었는지 자신의 내면을 탐색함으로서 자신의 생각과 감정을 찾는 연습이 필요하다.
  감정과 생각은 서로 밀접한 연관성이 있기 때문에 자신의 감정을 알기 위해서는 생각도 함께 찾아보아야 한다. 이를 위해 아래에 있는 자기 탐색 일지를 권하고자 한다. 자기 탐색 일지를 계속 써 내려가다 보면 자신의 감정과 생각에 대하여 깊은 이해가 일어날 것이며 그렇게 되면 자기를 깊이 만나는 축복을 얻을 것이다.

나 자신과의 만남이 중요하듯 타인과의 만남도 중요하다. 타인과 만나기 위해서는 그 사람을 있는 그대로 보아야 한다. 기대를 가지고 타인과 만나면 상대방이 나의 기대에 미치지 못할 때 화가 난다. 타인에게 나의 기대대로 살아주기를 바라기보다 있는 그대로의 너를 만나야 한다. 상대방의 존재 그대로를 수용한다는 것은 그의 심정을 알아주는 것이다. 이런 이유에서 심정대화와 공감훈련을 통하여 자신과 타인의 심정을 만나는 훈련이 지속적으로 이루어져야 한다.

 나눔

1. 감정의 단어 말하기

두 사람이 짝을 지어 각자의 생각을 차단하고 한 사람이 자기의 감정을 느낌의 단어로 한 마디 전하면 다른 사람이 그 말을 받고 다시 자기의 감정을 느낌의 단어로 전달한다. 예를 들어 '기뻐요.'라고 말하면 '기쁨을 받고, 나는 행복하네요.'라고 응답한다. 이때 느낌의 단어는 간단하게 하는 것이 좋고 궁금해도 이유는 묻지 말고 그냥 느낌의 단어를 전해 듣고 떠오르는 자신의 느낌을 전달한다. 십여 차례 반복한 다음 소감과 궁금한 점을 나눈다. 다시 짝을 바꾸어 반복적으로 연습한다.

2. 감정의 파도타기

전체 집단이 원을 지어 앉아 한 사람이 자신의 현재 감정을 표현하면 그 옆 사람이 이어서 감정을 표현한다. 이때 주의할 점은 어떠한 설명도 하지 않고 감정의 단어로만 돌아가며 말하는 것이다. 수차례 반복한 다음, 궁금했던 점과 느낌을 서로 나눈다.

3. 자기 탐색 일지

다음의 일지를 가지고 자신의 감정과 생각, 행동양식에 대해서 탐색해 보고 그것을 모임에서 나누어 보자.

1) 최근의 부정적 사건을 하나 떠올려 보고 사건을 요약한다.

2) 그 사건을 나는 어떻게 지각(인지)했는가?

3) 어떤 느낌을 가졌는가?

4) 어떻게 평가, 판단하고 있는가?

5) 그 순간에 나는 어떤 행동을 했는가?

6) 그것을 통해서 나는 무엇을 배웠는가?

예)
1) 상황 : "감수성 훈련에서 내가 작은 소리로 이야기하면서 힘들어서 아무것도 하고 싶지 않다고 말하자 '하늘' 님이 나에게 짜증난다는 말을 했다."
2) 나의 지각 : - 그렇게 말하는 네가 더 문제다.
 - 너하고 말하고 싶지 않다.
 - 참으로 무식하군.
 - 나한테 평소에 안 좋은 감정이 있나, 왜 저렇게 과민반응을 하지?

초급 감수성 훈련 39

3) 나의 느낌: 기분 나쁘고 화나고 속상하면서도 위축되고 숨어버리고 싶다. 그리고 다른 사람들이 전부 하늘을 싫어해주기를 바라는 마음이 있다.

4) 평가, 판단: 말을 함부로 한 '하늘'은 못된 사람이다. 저런 사람하고 사는 사람은 괴롭겠다. 나도 '하늘'과 앞으로 친하게 지내지 말자. 왜냐하면 '하늘'은 못된 사람이니까.

5) 나의 행동: - 아무 대꾸도 하지 않고 더 의기소침해 짐.
   - 다른 사람들이 내 편이 되어 주기를 바라는 마음에 지도자의 눈치를 봄.

6) 나의 배움: 다른 사람이 나에 대해서 부정적인 감정을 표현할 수 있는데도 나는 내 맘에 들지 않는 표현을 하면 낙담이 되고 눈치를 보면서 결국에는 상대방을 미워하는 내가 있음을 알게 되었다. 그리고 속으로는 온갖 부정을 다 품고 있으면서 겉으로는 아무렇지 않은 척 하고, 힘 있는 사람이 대신 혼내주기를 바라는 소극적인 내가 있음을 알게 되었다. 이제부터는 상대방의 권리를 인정해 주면서도 나의 생각을 솔직하게 표현함으로써 진실한 만남을 하기로 다짐해 본다.

 마무리

이번 회기를 마치면서 들은 소감, 자신과 타인에 대한 발견을 나누고 다음 모임에 대한 기대를 나누도록 한다.

5회 자각을 통한 감수성 훈련

 지금- 여기에서 만나기

모임을 시작하면서 느껴지는 나의 감정을 중심으로 간단히 자신의 마음을 나눈다. 이때 자신의 감정에 너무 몰두한 나머지 이야기의 흐름을 잃어버린다던지, 이야기를 듣는 사람에 대한 고려 없이 감정에 몰입해 있지는 않은지 자각하면서 이야기를 한다. 듣는 사람은 상대방의 이야기에 경청한다.

 강의

1. 자각의 개념

자각이란 현재 자신의 신체적 상태나 느낌 또는 사고가 어떠한 상태에 있는가를 스스로 인식하는 것을 말한다. 즉 개체가 자신의 삶에서 현재 일어나고 있는 중요한 현상들을 방어하거나 피하지 않고, 있는 그대로 지각하고 체험하는 행위를 뜻하는 것이다. 자각은 지금 이 순간에 중요한 자신의 욕구나 감각, 감정, 생각, 행동, 신앙과 믿음, 환경, 그리고 자신이 처한 상황, 하나님의 뜻 등을 알아차리는 것이다. 또한 자기 행동의 주체가 자기 자신이라는 것과 특정 상황에서 자신이 선택할 수 있는 행동반응과 타인의 욕구와 그 영향, 그리고 하나님의 뜻과 시대를 향한 계시의 말씀을 아는 것 등도 자각에 해당한다. 요컨대, 자각이란 우리의 중요한 내적, 외적 상황에 대해 보다 구체적이고 현실적으로 아는 것이다. 내가 지금 어떠한 자세를 취하고 있으며, 무엇을 보고 있는지, 무엇을 어떻게 느끼고 생각하고 있는지, 타인은 무엇을 원하며 하나님은 어떻게 말씀하고 있는가를 스스로 실감하는 것을 말한다.

2. 자각의 종류

1) 현상 자각

현상 자각은 6개 영역으로 나눌 수 있다.

① **신체 감각에 대한 자각** 신체감각 자각은 자신의 신체가 어떠한 상태에 있는지 알아차리는 것이다. 신체감각은 많은 경우, 욕구나 감정 자각과 연결되어 있는 경우가 많다. 예로 자신의 감정은 편안한 것 같지만 신체가 긴장된 것이 느껴진다면 그때의 신체감각은 긴장된 것이며 감정은 편안함보다 불안한 감정일 가능성이 높다.

② **욕구에 대한 자각** 욕구에 대한 자각은 자신의 원함이 무엇인지를 알아차리는 것이다. 지금-여기에서 마음과 몸에서 느껴지는 원함이나 욕구가 무엇인지 천천히 느껴본다.

③ **감정에 대한 자각** 감정에 대한 자각은 자신의 욕구와 관련하여 주관적으로 체험하는 느낌을 알아차리는 것이다. 감정은 욕구와 서로 밀접하게 관련되어 있어서 욕구가 성취되었을 때는 좋은 감정을 느끼지만 그렇지 못할 때는 불쾌한 감정을 느끼게 된다.

④ **환경에 대한 자각** 환경자각이란 주위 환경에 무엇이 있는지, 어떤 일이 벌어지고 있는지 등을 알아차리는 것이다. 실직하여 마음이 상심해 있는 사람은 화창한 날씨와 산들

거리며 지나가는 봄바람을 자각하지 못하기도 한다.

⑤ **상황에 대한 자각** 현재 자신이 처해 있는 상황을 있는 그대로 정확히 지각하는 것을 말한다. 자신에게 호의적인 상황을 악의적인 것으로 잘못 지각하거나 혹은 악의적인 상황을 호의적으로 왜곡하여 지각하는 것은 모두 행동에 부정적인 결과를 초래하게 된다.

⑥ **내적인 힘에 대한 자각** 이것은 자신이 갖고 있는 힘 또는 행위능력을 알아차리는 것을 말한다. 만일 자기는 아무 능력도 없는 가련한 존재인 것처럼 절망적인 심정으로 말하면서 자신을 비판적인 시각으로 보고 있다면 그는 자신의 능력을 쓰고 있지 못하고 힘들게 살아갈 가능성이 많은 것이므로 자신 안에 내적인 힘이 있음을 자각하도록 도와주어야 한다.

2) 행위 자각

현상 자각이 개체의 내부나 외부에서 일어나는 현상을 자각하는 것이라면, 행위 자각은 개체가 하는 자신의 행동방식, 특히 부적응적인 행동 방식을 자각하는 것을 뜻한다. 행위 자각에는 다음과 같은 3가지가 있다.

① **접촉경계 혼란 행동에 대한 자각** 접촉경계 혼란은 지금 이 순간의 관계에서 일어나고 있는 현실을 지각하지 못하여 관계에 혼란을 겪는 것을 의미한다. 예를 들어 어떤 모임에서 김 집사는 친구인 박 집사가 최 집사로부터 공격을 받고 의기소침해지자 자기도 같이 풀이 죽어 혼자 생각에 빠져버렸다. 이런 경우, 김 집사의 행동은 박 집사와 융합관계에 있기 때문에 그가 공격을 받자 마치 자기 자신이 공격을 받은 것처럼 느낀 것이다. 그래서 그는 최 집사와 싸우고 싶었지만 최 집사와 그를 편드는 사람들이 두려웠기 때문에 그 분노감을 억압하느라 우울해졌다.

② **사고 패턴에 대한 자각** 과거경험이 부정적인 사람의 경우, 현실을 있는 그대로 보고 판단하는 것이 아니라 과거 자신의 부정적인 경험으로 지각한다. 그래서 이들은 환경과의 올바른 교류를 할 수 없다. 현재 아무리 긍정적인 사건이 발생해도 그것을 긍정

적으로 지각하지 못하고, 고정된 패턴에 따라 부정적 시각으로 처리해 버리기 때문에 좌절경험이 많아지고 자신감을 상실하고 우울감에 빠지게 된다.

③ **행동 패턴에 대한 자각** 접촉경계 혼란 행동이 반복되어 습관적으로 굳어질 때 그것은 행동패턴으로 굳어지게 된다. 예를 들어 냉정한 부모에게서 사랑을 받지 못하고 자란 사람이 그 부모의 사랑을 받으려고 온갖 노력을 다하는 것은 충족되지 못한 애정욕구를 충족 받고 싶어서 나타나는 행동이라 할 수 있다. 이런 경우, 항상 착하고 누구에게나 친절하면서 자신의 욕구를 억누르는 등 타인의 요구에만 자기를 맞추는 형식으로 행동이 패턴화된다.

 나눔

1. 이 강을 공부하면서 자신의 생각과 느낌 등을 자각하여 나누어 봅시다(매우 긴장하고 있는 자신, 편안한 자신, 생각에 잠겨 있는 자신, 시선을 다른 집단원이나 지도자에게 돌리고 있는 자신, 지루하게 느끼거나 흥미있게 느끼는 것 등).

   자각을 표현하기 위해서는 자신에 대하여 제 3자적 시각으로 표현하는 것이 도움이 됩니다. 예를 들어 "나는 ○○한 것을 자각합니다." 또는 "○○한 것을 느낍니다.", "나는 ○○하고 싶음을 알게 되었습니다."와 같이 자각의 언어로 연습을 해야 자각이 잘 될 수 있습니다.

〈 예 〉

자각의 종류	예
신체 자각	나는 공부를 할 때 신체가 긴장되고 있음을 느꼈습니다. 왜 이렇게 긴장하고 있나 살펴봤더니 공부를 잘해서 인정받고 싶은데 이것이 어렵다는 생각이 들자 긴장하고 있음을 알게 되었습니다.

〈 나의 경우 〉

자각의 종류	예

마무리

이번 회기를 마치면서 들은 소감, 자신과 타인에 대한 발견을 나누고 다음 모임에 대한 기대를 갖도록 한다.

6회 직면을 통한 감수성 훈련

 지금-여기의 느낌 나누기

  모임을 시작하면서 느껴지는 나의 감정을 중심으로 간단히 자신의 마음을 나눈다. 이때 자신의 감정에 너무 몰두한 나머지 이야기의 흐름을 잃어버린다던지, 이야기를 듣는 사람에 대한 고려 없이 감정에 몰입해 있지는 않은지 자각하면서 이야기를 한다. 듣는 사람은 상대방의 이야기에 경청한다.

 강의

1. 직면의 개념

  직면이란 사람을 돕고자 하는 선한 동기를 가지고 상대방이 미처 보지 못하고 있는 자신의 문제를 볼 수 있도록 깨우침을 주는 것이다. 즉 정직한 일깨움을 통해 자기의 문제 상황에 묶여 성숙한 삶을 살지 못하게 하는 기존의 문제 사고와 행동 양식을 변화시킬 수 있도록 하는 것이다. 이것은 자신에게 도전하게 하는 것으로 하나님의 자녀로서 온전하신 예수님의 모습을 닮도록 돕는 과정이라 할 수 있다.

직면은 사람들이 자신의 문제 상황에 대해 더욱 객관적 시각을 갖도록 서로 권하며(롬 15:14) 지혜로 피차 가르치며 권면하는 것이다(골 3:16). 그래서 자신의 일관되지 않거나 불일치한 행동을 교정하여 스스로 자기 삶에 책임지게 하는 것이다. 직면이 필요한 인간의 행동에는 역기능적 정신 자세, 자기 제한적인 내적 행동, 그리고 외적인 문제 행동 등이 있다.

이러한 것들이 바로 맹점이다. 맹점이란 내담자가 보지 못하거나 보려고 하지 않는 자기 제한적인 사고 및 행동 양식을 말한다. 이러한 문제들을 고치고 변화시키기 위해서는 다음과 같이 해야 한다.

첫째, 내담자가 가지고 있는 구태의연하고 자기 제한적인 정신 자세와 역기능적 시각을 깨닫는 것이 오히려 자신을 해방시키고 강화시킬 새로운 시각임을 알게 해야 한다.

둘째, 내담자로 하여금 자기 제한적이고 자기 패배적인 '내적 행동'들을 바꾸게 해야 한다.

셋째, 내담자로 하여금 자기 패배적인 외적 행동들에 도전하고 변화시키도록 해야 한다.

2. 직면의 필요성 및 유익

1) 직면의 필요성

첫째, 인간의 마음은 타락해서 본성적인 악함에서 벗어날 수 없다. 그러므로 자신이 보지 못하는 그림자를 볼 수 있도록 도움을 주어야 한다.

둘째, 사람은 자기의 경험을 가지고 남을 투사하면서 타인의 삶을 판단하는 어리석음이 있다. 타인을 향한 우리의 해석이나 판단은 단지 자신의 기준일 뿐이다.

셋째, 사람들이 자신의 문제에 대해서는 객관적 시각을 놓쳐버리고 감정적으로 행동하는 경향성이 있으므로 주관적인 감정에 따라 행동하지 않도록 지도와 권면이 필요하다.

넷째, 동정심만으로는 진정한 삶의 변화를 일으키지 못한다. 그러므로 진실한 사랑의 마음으로 권면하여 연민과 부정적인 정서에서 벗어나도록 돕는다.

2) 직면의 유익

첫째, 자기의 부족한 모습을 볼 수 있게 되므로 변화와 성장이 촉진된다. 둘째, 자기를 깊이 보게 되므로 자기의 장단점을 잘 분별하여 자기를 다스리는 힘을 갖게 된다. 셋째, 인생을 보는 깊은 시야를 가지게 되므로 리더십을 발휘하게 된다. 넷째, 가난한 마음으로 낮아져 회개하게 되므로 하나님의 은혜를 구하는 겸손을 갖게 될 것이다.

3. 직면 방법

내담자의 요구와 생활양식에 따라 각각 직면하는 방법이 다를 수 있지만 직면할 때 필요한 공통적인 태도와 행동은 다음과 같다.

1) 공감적 직면

가장 좋은 직면은 무엇보다 깊은 배려 속에서 이루어진다. 직면하기 전에 그 사람의 느낌과 경험 그리고 행동에 대해 먼저 깊이 공감해 주면 그는 자신의 왜곡된 행동에 대해 직면 받을 수 있는 용기를 갖게 된다. 따라서 공감이 충분히 이루어진 다음에 직면해야 한다. 공감이 없는 직면은 지혜롭지도 못하고 그를 돕지 못한다는 것을 염두에 두어야 한다.

2) 문제 인정하도록 하기

사람들이 자기 문제와 실수에 대해 책임지지 않으려 하는 것은 매우 공통적인 현상이다. 그러므로 자신의 문제를 인정할 수 있도록 직면할 필요가 있다. 이때 구체적으로 직면해야지 모호하다면 도움이 되지 않는다.

3) 해결 가능성 찾도록 도와주기

직면을 받게 되면 사람들은 부정적이 되어 자신의 문제를 해결할 수 없을 것으로 생각하며 '해봤자 소용없다'는 식으로 자신의 무능을 합리화한다. 지난 과거의 문제를 지금 당장 해결할 수는 없다 하더라도 과거에 대한 그의 태도는 바꿀 수 있음을 알려준다.

4) 도피할 수 있는 가능성과 그 모습 알려주기

직면이 그 사람을 사랑하는 것이며 성숙시키는 것이라 하더라도 직면을 받으면 누구나 어느 정도 혼란을 겪을 수 있다. 이것은 직면 받은 것이 너무 힘들어서 불편한 상태에서 벗어나고 도피하고 싶은 마음이 일어나는 것이다. 직면 받는 사람에게 이러한 도피의 가능성을 알려준다.

5) 삶의 부정직성에 대해 알려주기

삶의 부정직성이란 불일치를 의미하는데 여기에는 다음의 세 가지가 있다.
　① 그가 과거에 한 말과 지금 하는 말의 내용이 다를 때이다.
　② 그의 말과 행동이 불일치할 때이다.
　③ 그가 말한 내용과 그것에 대한 느낌이 다를 때가 있다.

 나눔

1. **자기 직면**

    자기 직면의 방법은 다음과 같습니다. 자기 직면을 하는 경우 들어주는 사람은 경청과 공감으로 그를 격려합니다.
    - 1단계 : 자기의 부족한 점이나 고쳐야 할 점을 솔직히 시인하고 말로 정확히 표현합니다.
    - 2단계 : 언제, 어떻게 고칠 것인지 방법을 정합니다.
    - 3단계 : 결심을 하고 누구에게 확인받을 것인지 정합니다.
    - 4단계 : 듣는 사람은 지적하거나 비판하지 않고 경청과 공감을 해주고 적극적으로 지지해 줍니다.

    〈 자기직면의 예 〉
    - 1단계 : 나의 부족이나 고쳐야 할 점은 무엇입니까?
        예) 경제적으로 쪼들린다고 힘들어하면서 어제도 백화점에 가서 딸아이의 옷을 사줬다.
    - 2단계 : 언제, 어떻게 고칠 것입니까?
        예) 경제적인 어려움을 호소하면서 옷 구입이나 외식을 줄이지 않는 내 모습을 스스로 직면했다. 이제 다음 달부터 외식이나 옷 구입에 있어서 적정한 한도를 정하고 한도 내에서 지출하겠다.
    - 3단계 : 누구에게 확인받을 것입니까?
        예) 남편과 목자(구역장)에게 부탁해서 확인받겠다.
    - 4단계 : 자기직면 한 후 피드백 받은 느낌은 어떻습니까?
        예) 나의 부족한 점, 부끄러운 점을 스스로 직면하고 고치기로 결심하니 마음이 자유로워짐을 느꼈다.

〈 자기직면 양식 〉

1) 나의 부족이나 고쳐야 할 점은 무엇입니까?

2) 언제, 어떻게 고칠 것입니까?

3) 누구에게 확인받을 것입니까?

4) 자기직면한 후 피드백 받은 느낌은 어떻습니까?

---

2. 타인 직면

효과적인 타인직면 기술은 다음의 4단계를 거칩니다.

- 1단계 : 정보(보고 들은 것이 무엇인가?)
- 2단계 : 사고(어떻게 생각하는가?)
- 3단계 : 감정(어떻게 느끼는가?)
- 4단계 : 소망이나 기대(원하는 것이 무엇인가?)

〈 타인직면의 예 〉
"자꾸 모임에 지각하는 어떤 분이 있었다."

- 1단계(정보) : 당신이 다섯 번의 수업 중 3번을 약 10-30분 정도 늦게 오는 모습을 봅니다.
- 2단계(나의 생각) : 제게는 그런 모습이 분주하고 정돈되지 않은 것으로 보이고 시간관리를 잘못하는 것으로 생각됩니다.
- 3단계(나의 감정) : 그래서 내 느낌은 당신에 대해 판단하고 싶은 부정적인 느낌이 일어나고 당신의 행동이 모임을 방해하는 것으로 생각되어 불편합니다.
- 4단계(소망) : 내가 원하는 것은 당신이 바쁘시더라도 시간을 잘 지켜 주시는 것입니다. 그럴 때 우리가 서로를 존중할 수 있고 당신이 어디에서나 자신감 있고 당당한 모습으로 행동할 수 있으며 남에게 인정받게 될 것이라 기대합니다.

관계하면서 서로의 삶을 통해 관찰된 것을 솔직하게 직면하되 직면의 4단계 모델에 따라 해봅니다.

〈 타인직면 양식 〉

1) 타인에 대해 관찰한 내용 (행동패턴, 사고패턴, 경험한 사실 등의 정보)

2) 그것(행동)에 대한 나의 생각은 무엇입니까?

3) 나의 감정은 어떻습니까?

4) 내가 바라는 것(소망, 기대)은 무엇입니까?

5) 특별히 왜 이 사람을 직면했는지 자신의 내면의 동기를 탐색해 보십시오.

마무리

이번 회기를 마치면서 들은 소감, 자신과 타인에 대한 발견을 나누고 다음 모임에 대한 기대를 나누도록 한다.

7회 비구조화 종합 훈련

 지금- 여기의 느낌 나누기

　모임을 시작하면서 느껴지는 나의 감정을 중심으로 간단히 자신의 마음을 나눈다. 이때 자신의 감정에 너무 몰두한 나머지 이야기의 흐름을 잃어버린다던지, 이야기를 듣는 사람에 대한 고려 없이 감정에 몰입해 있지는 않은지 자각하면서 이야기를 한다. 듣는 사람은 상대방의 이야기에 경청한다.

1. 종합훈련의 내용

　1) 자신의 내면세계를 들여다본다. 지금까지 보지 못했던 자기의 어떤 측면을 새롭게 보거나, 이해하기 힘들었던 부분이나 용납하기 힘들었던 자기감정을 용납하거나 지금까지 미워했던 측면을 사랑할 수 있게 되는 것 등을 통해서 자신의 내면세계를 만나보는 것이다. 자기 자신의 깊은 내면세계를 통찰하고 나타내 보임으로써 우리들은 좀 더 진지한 피드백을 받을 수 있고 타인 또는 사람들과 깊게 사귈 수 있는 바탕이 된다.

2) 남이 보는 자기를 안다. 자기에 대해서 알기 위한 가장 좋은 방법 중의 하나는 남들의 피드백을 통하여 배우는 것이다.

3) 자신에 대한 모습, 타인에 대한 모습 등 15가지의 요소를 생각하며 아무런 형식에 구애받음 없이 자신의 이야기와 다른 사람에 대한 생각과 느낌을 나눈다. 그리고 아래 기준에 따라 자신과 타인을 평가한다. 평가를 하는 이유는 잘함과 못함을 가리기 위한 것이 아니라 자신의 모습을 객관적으로 비춰봄으로 사회적 감수성을 향상시키고 본 감수성 훈련의 목적을 달성하기 위함이다.

2. 감수성의 15가지 요소

1) 자신에 대한 감수성

① 자기 표현(Self-Expression): 기다리거나 참지 않고 자신의 속마음이나 느낌을 감지하고 표현하는 능력을 의미한다.
② 자기 자각(Self-Awareness): 자신에 대하여 알아차리고 파악하는 능력, 무엇을 느끼고 생각하고 보는지(신체, 감정, 생각 등) 자신에 대하여 감지할 수 있는 능력으로서 반응을 할 때 자동적 반응이 아닌 의식적 반응을 할 수 있는 능력을 의미한다.
③ 자기 직면(Self-Confrontation): 자신의 연약이나 부족, 악을 피하거나 변명하지 않고 정면으로 맞닥뜨릴 수 있는 능력을 의미한다.
④ 자기 책임(Self-Responsibility): 자신이 한 말이나 행동, 느낌에 대하여 회피하지 않고 책임을 지는 능력을 의미한다.
⑤ 자기 존중(Self-Respect): 자기 자신에 대하여 스스로 존귀함을 갖는 것으로서 자

신을 사랑하고 수용하는 마음으로 자기에 대하여 믿어주는 능력을 의미한다.

2) 대인간 감수성

① 대인 존중(Other-Respect): 상대방을 가치 있는 사람으로 믿고 존중받을 만한 존재임을 확인해 준다. 즉 그가 진실로 가치 있고 귀한 존재임을 알게 해 주는 것이다. 존재 자체로 존중받을 만한 가치가 있다는 것을 경험하게 한다.

② 대인 주장(Other-Assertion): 상대방에게 위축되지 않고 상대방을 위협하지도 않으면서 하고 싶은 말을 할 수 있어야 한다. 자기의 존엄성을 지키며 상대방을 배려하는 인격적인 태도로 상대방에게 주장하고 요구하는 법을 배운다.

③ 대인 직면(Other-Confrontation): 자신의 문제 상황에 대해 더욱 객관적 시각을 가질 수 있도록 하여 불일치한 행동을 교정하여 자기 삶을 책임지도록 하는 훈련이다. 사람은 스스로 자신의 문제점을 인식하지 못하거나 외면하기 쉽기 때문에 다른 사람이 사랑의 마음을 가지고 문제점을 보게 해주어야 한다.

④ 대인 민감(Other-Sensitivity): 대인 민감성이 있을 때 다른 사람을 마음 깊이 만나게 된다. 나아가 더 깊은 수준으로 의사소통을 하게 되며 충분히 서로를 이해하게 된다. 대인 민감성은 타인의 감정을 정확하게 파악하고, 정서적 의도를 알아차려 줄 때 가능하다.

⑤ 대인 배려(Other-Love): 배려는 상대방의 느낌과 생각을 가지고 상대를 볼 수 있는 관계능력이다. 나아가 상대방을 긍정적인 눈으로 바라봄으로 그에게 힘과 격려를 주는 것이다. 상대방을 긍정적인 눈으로 바라보려면 자신을 먼저 수용하고 배려하는 시각이 필요하다. 자신을 먼저 배려해 줌으로써 타인을 배려할 수 있게 된다.

3) 상담자적 감수성

① 무조건적 긍정적 수용: 아무 조건 없이 있는 그대로 다른 사람을 대할 수 있는

능력, 싫은 사람에게도 일치, 성실성, 따뜻함으로 대할 수 있는가 평가하는 기준이다.
② 객관적 공감(Empathy): 자신의 기준이나 패러다임에 머무른 공감이 아닌 말한 사람 중심으로 공감하면서도 객관성을 유지할 수 있는 능력이다.
③ 일치성, 성실성(Congruency): 말과 행동, 말과 느낌, 생각과 느낌 등의 일치성을 의미한다.
④ 따뜻함(Warmth): 자신과 다른 사람에게 온정적 태도를 가지고 대할 수 있는 능력을 의미한다.
⑤ 전문성(Skills): 상담자로서 문제를 진단, 파악하고 개입하여 해결할 수 있는 능력이다.

 나눔

그동안의 모임을 통하여 발견된 나와 타인에 대한 긍정·부정의 느낌에 대하여 피드백하면서 자신과 타인에 대한 감수성이 어느 정도 되는지 살펴보자.

 마무리

이번 회기를 마치면서 드는 소감, 자신과 타인에 대한 발견을 나누고 다음 모임에 대한 기대를 나누도록 한다.

Ⅱ. 중급 감수성 훈련

중급 감수성 훈련 개요

회	주제	내용
1	오리엔테이션	집단원과 만남의 시간을 갖고, 감수성 훈련 전반에 대해 이해하며 훈련 목표에 대해서 이해한다.
2	수용과 직면	수용과 직면, '지금-여기'에 대해 이해하고 기술을 익히며 감수성 인도자의 자질에 대하여 배우고 마음에 새기도록 한다.
3	피드백 훈련	피드백에 대하여 이해하고 효과적인 피드백 기술을 익히도록 연습한다.
4	경계선 훈련	경계선 개념에 대하여 이해하고 적절한 경계선 유지를 위해 필요한 것이 무엇인지 배우며 연습하도록 한다.
5	투사 벗기	투사에 대하여 이해하고 투사하고 있는 내 모습을 발견하여 자각하는 연습을 한다.
6	영성 훈련	올바른 영성에 대해 이해하고 자신의 영적 수준에 대해 알아보며 통합된 영성으로 자신을 돌아보도록 한다.
7	비구조화 종합 훈련	중급 감수성 훈련의 목표에 따라 감수성 기술을 얼마나 익혔는지 종합적으로 평가해 본다.

1회 감수성 중급 오리엔테이션

첫 만남의 시간

♥ 별칭 짓기

자신을 상징할 수 있는 것 또는 자신의 소망과 기대를 담은 것 등으로 자유롭게 별칭을 짓는다.

♥ 만남의 시간 가지기

별칭에 대한 소개, 자신에 대한 소개, 모임에 대한 기대를 형식에 구애받음 없이 자유롭게 소개한다.

♥ 타인에 대한 피드백

첫 만남에 대하여 자신의 마음에 가장 인상 깊었던 멤버가 있다면 왜 그런지 그 이유를 탐색해보고 나눈다. 이때 타인에 대한 평가나 해석보다는 자신의 마음에 일어난 역동 중심으로 나눈다.

1. 감수성 훈련 안내

본 훈련에서 말하는 감수성은 영적 및 사회적 감수성을 의미한다. 이는 자신과 타인의 영성과 기분, 나아가 집단의 영성과 분위기를 아는 것을 의미한다. 따라서 미술이나 음악적 감각과 같은 감수성과는 달리 감수성 훈련에서 말하는 감수성은 자기와 타인에 대한 진단, 또는 집단 분위기에 대한 진단이라고 할 수 있다. 그래서 느끼는 것만이 아니고 그 상황에 가장 적절한 행동을 자유롭게 할 수 있는 행동의 유연성을 기르는 것을 목적으로 한다. 느낌과 행동은 별개의 것이 아니라 상호 밀접한 연관을 가지고 있다. 느끼면 행동하고 행동하면 느끼는 것으로서 동시성을 지니는 경우가 많기 때문이다.

〈과정안내〉
- 초급과 중급은 구조화로, 고급은 비구조화로 진행된다(고급은 초급과 중급을 마친 자에 한함).
- 초급, 중급의 구조화는 현재의 느낌 나누기 10분, 강의 20분, 실습 50분, 휴식 10분, 강의 20분, 실습 50분, 마무리 20분 등 총 2시간 30분 정도 소요된다.

2. 지켜야 할 규칙

① **자기와의 만남**: 모든 말과 행동을 자기와의 만남으로 통합하여 자기 속의 느낌으로 표현한다. 자기와의 만남을 위해서는 우선 자기 자신의 속마음을 들여다보고 자기의 내면 세계에 귀를 기울이는 일부터 시작해야 한다. 이것은 무척 중요한 일이지만 어려운 일이며 두렵기도 하고 고통스러울 때도 있다. 힘이 들더라도 감수성 훈련 과정 중에는 자기를 만나기 위해서 끊임없이 노력하도록

한다.

② **평등성**: 훈련생들은 서로가 인격적인 존재로 남녀노소의 차이가 있을 뿐 평등한 존재이다. 사회적인 지위, 연령, 학력, 경제력 등으로 자기를 감싸지 말고 그런 것들을 과감히 버린다. 남들과 나는 다르다는 사실을 받아들이고 나와 다르다고 해서 비교하거나 무시하거나 뜯어고치려 들지 않으며 자신에 대해서도 마찬가지로 대한다. 있는 그대로의 자기와 있는 그대로의 남을 이해하고 용납하고 허용한다.

③ **배려**: 사랑의 마음으로 나와 다른 사람을 살피며 인격적인 만남을 계속 한다. 내가 소중하다고 해서 남을 무시하지 않으며, 남이 소중하다고 해서 나를 무시하지 않겠다는 태도를 가진다. 만남이란 나를 남에게 맞추자는 것도 아니고 남을 나에게 맞추려 드는 것은 더더욱 아니기 때문이다.

④ **지금-여기**: 감수성 훈련의 가장 중요한 원칙이다. 모임 중에는 항상 "지금-여기"를 사용한다. 사람들은 대부분 여기에 초점을 맞추지 못하고 과거에 집착되어 있다. 지금 여기에서 일어나는 일과 느낌이 무엇인지 알아야 한다. 이 훈련에서는 생각보다 감정을 우선시하며 훈련에서 있었던 일들은 그 시간 안에 정리하도록 한다. 과거의 이야기를 해야 되는 경우는 과거의 감정이 아닌, 현재 시각으로 말한다.

⑤ **감정조절**: 감정을 있는 그대로 느낀다는 것을 원색적으로 표출해도 된다고 오해하는 경우가 종종 있는데 감정을 '느끼는 것'과 '폭발하는 것'은 다르다. 감정을 조절하지 않은 채 폭발하면 다른 사람에게 상처를 줄 수 있으므로 자신의 감정을 잘 알아차리고 타인에게 상처를 주지 않으면서도 자신의 감정을 있는 그대로 표현하도록 연습한다. 매 순간마다 일어나는 감정들을 자기 감정의 전부인 양 착각하지 말아야 한다. 이런 감정들은 나의 마음속에서 일어나는 수많은 감정들 중 가장 표면에 나타난 감정일 뿐이다. 이런 감정들 밑에 있는 자신의 핵심감정을 찾도록 해야 한다.

⑥ **감수성 목표 확인**: 감수성의 목표를 자주 확인하여 내가 얼마나 변화되고 있는지 점검한다.
⑦ **부정적 감정 벗기**: 실습 시간 이후에는 뒤풀이(Debriefing)시간이 있다. 이 시간은 실습 시간에 있었던 섭섭하거나 상처받은 것을 정리하는 시간이다. 뒤풀이 시간에는 실습에서 있었던 일들을 객관화시켜서 정리를 한다. 그러나 뒤풀이는 상처를 해결하는 시간은 아니다. 훈련 때 받은 직면이나 상처는 훈련 시간에 해야 한다.
⑧ **규칙 준수**: 결석 및 지각 하지 않기, 별칭 사용하기 등에 대한 규칙을 준수한다. 규칙에 대해서는 주도적으로 책임을 진다.
⑨ **비밀유지 준수:** 가장 중요한 규칙 중의 하나로 이곳에서의 이야기는 반드시 비밀로 한다.

3. 말(언어표현)에 대한 지침

① 생각보다는 느낌을 말한다.
② 지금 여기의 떠오르는 이야기와 느낌을 말한다. 과거에 집착하거나 미래의 허황된 이야기에 빠져서는 안 된다.
③ 논리적인 이론이나 해석, 설명을 가능한 한 피한다.
④ 일반적이고 통속적인 지칭(우리 아빠, 여성들, 인간들, 우리들, 그 사람)보다 구체적인 사람과의 만남(나, 너, 수명이 등)으로 말한다.
⑤ 어떤 사람이나 무엇에 관하여 말하지 않고 바로 '나'와 '너'의 직접적인 만남에서 '나의 의사'를 건네주어야 한다. 건너뛰어서 '너는… 하게 생각하는 모양

인데' 하는 경계선을 넘나들지 않아야 한다.
⑥ 완곡하게 돌려서 말하거나 뒤통수치지 말고, 간결하고 선명하게 직접 말한다.
⑦ 전문 용어나 외래어 등 어려운 표현보다는 생활에서 쓰는 쉬운 말로 말한다.
⑧ 말꼬리를 돌리는 조건문장('네… 그러나', '그런데…') 보다는 계속 말을 이어가는 '그리고'를 사용한다. 가정법(만약에)도 사용을 줄인다.
⑨ 따지거나 심문하지 않고 말을 터주기 위해 '왜' 보다는 '어떻게'로 바꾸어 말한다.
⑩ 피드백을 줄 때 상대방으로부터 받은 구체적인 자료에 근거하여 이야기한다.
⑪ 상대방의 얼굴을 마주 보고 눈과 눈을 맞대고 대화를 나누어야 한다.
⑫ '글쎄' 하는 애매한 말을 '그래', 아니면, '아니요'라고 분명히 말한다. 따라서 '…같아요'를 '…이다.', '…아니다.'로 분명히 말한다.

4. 교육 목표

1) 감수성 훈련의 목적

그리스도인으로서의 새 인격을 목표로 하여 자신 및 하나님과의 관계, 자신 및 대인관계에서의 자각에 의한 민감성을 기르는 것이 목적이다. 이를 위해 다음과 같은 목표를 갖는다.

① 하나님과의 관계에서 참된 영성 개발하기
② 영적 통합성, 진실성, 투명성 향상
③ 자신과 타인, 집단에 대한 감수성 향상
④ 경청 및 공감능력, 자신 및 타인을 무조건적이며 긍정적으로 수용하기

⑤ 임상적 시각, 치료 및 문제해결 능력 기르기
⑥ 주도적 자기표현 및 투명한 자기개방
⑦ 생각과 느낌의 구분 및 주관과 객관의 구분
⑧ 투사적 사고 구분
⑨ 타인에 대한 배려와 눈치 보는 것 구분하기
⑩ 사랑으로 타인을 다루는 상담능력 기르기

2) 변해야 할 목표

변화를 위한 목표로는 다음의 것을 생각하고자 한다.

① **생각의 변화**: 내 머릿속에 알게 모르게 스며든 그릇되고 왜곡된 시각(지각)을 분별하여 버리고 옳은 시각을 회복해야 한다. 잘못된 시각을 바꾸어 자신 뿐 아니라 남을 올바로 볼 수 있는 시각을 갖도록 한다.

② **느낌의 변화**: 자신의 느낌을 자각하고 타인의 느낌에 대해 거울이 되어 줄 수 있는 객관성을 가져야 한다.

③ **행동의 변화**: 진정한 변화는 자연스럽게 행동의 변화가 일어난다. 즉 좋은 행동을 할 수 있도록 생각과 느낌이 변하도록 지속적인 행동연습이 필요하다.

④ **영성의 변화**: 새사람, 새 인성으로 변화하기 위해서 끊임없이 영적 시각으로 하나님을 바라본다.

⑤ **새 가치의 변화**: 성경적인 새 가치로 변화하기 위해 한국인의 전통 양식과 사회병리가 자신 안에 얼마나 있는지 발견하고 치유한다.

3) 경험 중심 훈련

교육의 방법으로는 이론 중심이 아닌 경험중심의 교육방법을 취하며 지도자 위주가 아니라 훈련생 위주의 교육을 한다. 따라서 일차적 교재는 인도자와 훈련생이다.

2차적 교재는 감수성 훈련 워크북이다. 이론적 교육이 강사 중심의 하향식 교육이라면 경험적 교육은 학생 중심이 된다. 배움을 크게 하기 위해서는 자기관찰 일지를 쓰고 자신이 설정한 목표대로 변화되기 위해 노력해야 한다.

감수성 훈련은 인간관계를 형성하고 실제로 인간관계를 맺는 방법을 배우는 실험실이다. 대인관계가 왜 잘 안 되는지, 공감은 어떻게 하는지, 자기노출은 어떻게 하는지 등에 대해 실제적으로 경험해 보는 살아있는 학습의 장이다. 이를 위해 다음의 방식으로 모임을 진행한다.

① 주도적 자기표현 및 투명한 자기 개방하기
② 생각과 느낌 및 주관과 객관을 구분하기
③ 투사적 사고 구분하기
④ 타인에 대한 배려와 눈치 보는 것 구분하기
⑤ 사랑으로 타인을 다루는 상담능력 기르기

 나눔

감수성 훈련에 대한 이해와 여러 가지 규칙, 감수성 훈련의 목표에 대한 생각(긍정적, 부정적)이나 느낌을 솔직하게 나누어 본다. 이때 다른 사람을 의식하거나 잘 보이고 싶은 마음이 일어나는 등의 내면의 역동이 있다면 그것이 무엇인지 과감하게 표현해 본다.

 마무리

이번 회기를 마치면서 들은 소감, 자신과 타인에 대한 발견을 나누고 다음 모임에 대한 기대를 나누도록 한다.

2회 수용과 직면

♥ 지금- 여기의 느낌 나누기

모임을 시작하면서 느껴지는 나의 감정을 중심으로 간단히 자신의 마음을 나눈다. 이때 자신의 감정에 너무 몰두한 나머지 이야기의 흐름을 잃어버린다던지, 이야기를 듣는 사람에 대한 고려 없이 감정에 몰입해 있지는 않은지 자각하면서 이야기를 한다. 듣는 사람은 상대방의 이야기에 경청한다.

♥ 강의

1. 수용과 직면

감수성 훈련의 두 가지 축은 수용(care)과 직면(confrontation)이다. 수용이란 자신과 타인에 대해 사랑으로 돌아보는 것으로 경청과 공감을 통해 자신과 집단원을 있는 그대로 받아들이는 것이다. 직면이란 자신과 타인에 대해 객관적으로 볼 수 있도록 하는 것이다. 따라서 감수성 훈련 과정에서는 언제나 수용과 직면이 조화있게 이루어져야 하는데 가장 효율적인 과정이 되게 하려면 먼저 자신을 사랑으로 대하며 품어준다. 그리고 집단원에 대해서도 있는 그대로 받아들인 후(수용), 정직함과 진실함으로 자신과 상대방의 맹점과 비합리적인 모습, 방어기제 등을 만나는(직면) 것이다. 이렇게 될 때에 자신 안에 큰 깨달음이 일어나고 집단원은 인정하기 힘든 자신의 모습에 대해서 받아들이게 된다.

2. 지금-여기

'지금-여기'의 개념은 철저하게 현재중심으로 사건을 보면서 현재가 변하면 과거와 미래가 변한다고 보는 것이다. 이것은 실존주의 철학에 근거를 두지만 게슈탈트 상담의 창시자인 펄스(Perls)에 의해 확산되었다. 펄스는 상담자가 과거 사건에 초점을 두는 상담방법을 사용하게 되면 내담자가 자신의 현재 문제를 정당화하는 빌미를 제공함으로써 오히려 증상 완화를 방해한다고 믿었다. 일상적인 삶에서 과거나 미래에 집착하는 경향은 현재를 직면하지 않으려는 태도에서 비롯된다. 우리의 실존적 삶이란 이미 지나버린 과거도 아니고 아직 다가오지도 않은 미래도 아니며 단지 현재에서만 가능한 것이다.

다음은 지금-여기의 원리와 일반 원리를 비교해 놓은 것이다.

〈 지금-여기 원리와 일반원리의 비교 〉

지금-여기 원리	일반원리
경험중심	이론중심
실제중심	개념중심
현재중심	과거중심
실증중심	추측중심
느낌중심	생각중심
직면중심	회피중심
감정의 정직중심	생각의 정직중심
현실중심	이상중심
현상중심	동기중심
의식세계중심	무의식세계중심
표현중심	억압중심
"나"중심 전달(I)	"너"중심 전달(You)

지금-여기의 개입은 다음과 같은 이유로 감수성 훈련의 작업을 더 효과적이 되도록 한다. 첫째, 자신과 타인에 대한 가장 타당한 자료수집의 방법이 된다. 과거에 대한 기억은 왜곡되어 있기 때문에 실제로 지금 여기에서 관찰된 행동이 그때-거기의 정보보다 더 타당하다. 둘째, 개인적 자각을 증가시키고 집단에 관여하도록 한다. 셋째, 자신과 타인의 문제를 통해 보편적인 대인관계 문제로 볼 수 있도록 한다. 넷째, 집단원간의 상호작용과 객관화를 통해 자기 및 타인관찰 능력이 개발되어 자신과 다른 사람과의 경향을 분별하게 된다. 다섯째, 과거나 미래에 머물면서 집단 상호작용에 저항하는 집단원들로 하여금 집단 상호작용에 참여하도록 이끌 수 있는 능력을 발휘하게 된다.

결론적으로 감수성 훈련에서의 지금-여기의 작업은 집단 내에서 대인간 상호작용을 촉진하여 집단원으로 하여금 다른 집단원들, 지도자, 집단 전체에 대한 자신의 반응, 사고, 감정을 더욱 잘 자각하게 한다. 이처럼 감수성 훈련에서 지금 여기에 초점을 두는 것은 집단과정을 살아 움직이는 체제를 만들고 집단의 역동성을 적절히 활용하는 방안이 될 수 있다고 본다.

지금-여기의 작업이 활성화되도록 하려면 우선 참가자들의 관심을 그때 거기에서의 사실적인 일들에서 지금-여기에서 느끼는 생생한 감정들에 초점을 맞추게 해야 한다. 평소에는 외면하고 억압하고 무시하고 또 표현하기 힘들어했던 그런 감정들을 하나하나 포착하고 표현하기 시작하면 거기가 바로 자신을 만나는 출발점인 것이다.

 나눔

1. 강의를 통한 자기 발견이나 깨달음을 나눈다.

2. 관찰자 선정: 관찰자를 선정하되 선정방식은 자유롭게 한다. 관찰자는 모임 전체에 대한 집단원의 이야기를 요약하고 전체 흐름에 대하여 간략하게 기술하여 보고한다.(관찰자 보고서 양식은 부록에 있음)

3. 지금-여기에서의 만남 : 한 사람이 자신의 이야기를 하면 듣는 사람은 오늘의 훈련 목표에 따라 자신이 적절하게 수용과 직면을 하고 있는지, 지금 여기의 원리에 따라 잘 보고 표현하고 있는지 발견하는 시간을 갖는다.

 **마무리**

이번 회기를 마치면서 드는 여러 가지 생각이나 느낌, 자신과 타인에 대한 발견을 나누고 다음 모임에 대한 기대를 나누도록 한다.

3회 피드백 훈련

 지금- 여기의 느낌 나누기

  모임을 시작하면서 느껴지는 나의 감정을 중심으로 간단히 자신의 마음을 나눈다. 이때 자신의 감정에 너무 몰두한 나머지 이야기의 흐름을 잃어버린다던지, 이야기를 듣는 사람에 대한 고려 없이 감정에 몰입해 있지는 않은지 자각하면서 이야기를 한다. 듣는 사람은 상대방의 이야기에 경청한다.

 강의

1. 피드백의 개념

  피드백(feedback)은 타인의 특정 행동이 자기에게 어떤 영향을 미치고 있는지에 대해 반응을 보이는 것이다. 내담자는 자신이 어떻게 받아들여지는지 정확하게 모르는 경우가 많다. 그러므로 상담자는 내담자의 말이나 태도에서 긍정적으로 느껴지는 면과 부정적으로 느껴지는 면에 대해 내담자에게 알게 함으로 내담자가 자신의 문제 행동패턴을 각성하는 데 도움을 준다.

피드백에는 두 가지 종류가 있다. 첫째는 확인(confirmatory) 피드백으로 상담자, 친지, 친구, 동료와 같은 중요한 타인들은 내담자가 제 길을 가고 있다는 것, 다시 말해 목표를 향해 행동 프로그램의 각 단계를 성공적으로 거쳐가고 있다는 것을 알려 준다. 둘째는 수정(corrective) 피드백으로 중요한 타인들은 내담자가 궤도에서 벗어나고 있기 때문에 제 길로 돌아올 필요가 있다는 사실을 일깨워 준다.

2. 피드백의 요령

1) 피드백 할 때

피드백은 상대의 성장에 방해되는 듯이 여겨져서 나를 염려스럽게 하는 것에 대한 나의 표현이다. 따라서 피드백은 상대를 염려하고 도움을 주고자 하는 의도에서 이루어져야 한다. 상대가 지금 피드백을 받아들일 여유가 있는지 확인해서 상대를 준비시키는 것이 우선이다. 집단에서는 누구에게 피드백 할 것인지 상대를 분명히 하고 발언해야 한다. 또한 한 번에 한 가지씩 피드백하고 난 후 서로 주고받는 과정을 통해 피드백한 내용이 완전히 해결되고 나서 그 다음 과정으로 넘어가는 것이 좋다.

부정적인 감정을 느낄 때, 부정 밑에 있는 긍정적인 감정을 찾은 뒤에 피드백 하는 것이 효과적이다. 먼저 긍정적인 감정을 표현한 뒤 부정적인 감정을 이야기하면 상대가 받아들일 수 있는 수용의 폭이 더욱 커진다. 피드백을 할 때 상대가 어떻게 받아들일까 걱정하거나 불안해하면 전하고자 하는 내용의 힘이 약해진다. 따라서 피드백을 할 때는 불안한 나의 마음에 초점을 두지 말고 피드백을 하고자 하는 상대에게 집중하여 피드백을 할 때 효과적이다. 같은 상황이라도 자신에 대한 느낌은 표현하지 않는 것이 바람직하다. 피드백은 진실로 상대를 아끼고 위하며, 성장을 바라는 마음에서 이루어져야 한다. 그러나 피드백이 아무리 상대를 위한 것이라 하더라도 상대방이 받아들이지 않을 때는 자기 몫(공감 수용)으로 다시 되돌려 오는 것으로 마무리하는 것이 좋다.

피드백이 효과를 가지려면 몇 가지 선행되어야 할 조건들이 있다. 첫째는 구성원이 피드백을 받아들일 만한 준비가 되어 있어야 한다. 둘째는 다른 집단원의 피드백을 자신의 새로운 면을 이해하는 단서로 사용하려는 태도를 갖고 있어야 한다. 이는 다른 집단원의 피드백을 완전히 무시하는 것도 아니고 완전히 받아들이지도 않는다는 것이다.

다음은 효과적인 피드백 방식을 정리한 것이다.
- 모호한 발언보다는 분명하고 직접적인 태도로 말하는 간결한 피드백이 훨씬 효과적이다.
- 포괄적인 피드백은 별 소용이 없다. 일반적인 것보다는 특정적인 것에 피드백한다.
  (예: 당신이 다른 사람의 말을 자르고 자기말만 할 때 공격적으로 보인다.)
- 피드백은 반드시 적절한 때에 비판적이지 않은 방식으로 주어야 한다.
- 가장 의미 있는 피드백은 주는 사람과 받는 사람의 관계에 관한 피드백이다.
- 피드백을 줄 때는 공감적으로 한다.
- 피드백을 주고 받는 쌍방의 필요를 고려한다.
- 받는 사람이 할 수 있는 행동에 대해 피드백한다. 통제 밖의 행동에 대한 피드백은 곤란하다.

2) 피드백 받을 때

피드백을 받는 입장에서는 일단 상대의 입장에 서보는 노력을 해본다. 하나하나의 내용을 듣고 받아들여 상대의 입장에서 상대가 표현하는 감정을 충분하게 받아들여야 한다. 상대의 피드백이 자기 지각과 맞는지 혹은 틀리는지를 점검하고 있거나, 자기반성이나 개선목표만 찾고 있다면 상대를 더 서운하게 만들 수도 있다. 상대가 불편할 때는 우선 상대의 마음을 충분히 공감, 수용함으로써 상대가 풀어지고 여유가 확보된 다음에 자신의 생각이나 기분을 전해야 한다. 부정적인 피드백을 하는 상대도 쉽지는 않다. 그는 그 어려움을 감수하고 나를 위해 부정적인 피드백을 하고 있으니 고맙게 받아들여야 한다. [4]

3. 피드백의 실제

다음의 예를 보며 상담자가 어떻게 피드백을 주고 있는지 살펴보자.

상담 대학원 1학기인 '바다'는 감수성 훈련에서 자신은 현재 동생 일로 너무 걱정이 되어 힘이 들고, 대학생이나 된 동생을 언제까지나 걱정하며 살아야 할지 막막하다고 하였다. 그러면서 하루 속히 이런 상담훈련에 동생을 데리고 와서 훈련에 참석하도록 해야겠다고 말하였다. 그러면서 최근에 이런 훈련을 받으면서 자신이 얼마나 문제가 많은 사람인지 알게 되었는지 이야기하였다.

이 이야기를 듣고 '하늘'은 "동생 때문에 지금 걱정을 많이 하시는 것을 보니 참으로 힘드시겠어요."라고 말하였다.

그러자 '바다'는 "아니오, 별로 걱정되지는 않습니다."라고 말하였다.

이때 상담자는 다음과 같이 피드백을 하였다. "바다님, 제가 듣기로는 조금 전에 동생 때문에 너무 걱정이 되고 내가 언제까지 동생 뒷바라지를 해야 하나 걱정이 많이 되신다고 말씀하셨는데 지금은 하늘의 말에 대해 웃으시며 아니라고 부인하면

---
[4] 한알사람, 「감수성 훈련의 실제」, (서울: 한알출판사, 2004), 182-183.

서 별로 걱정되지 않는다고 말씀하시니 바다님의 진짜 심정이 무엇인지 알기가 어렵네요. 지금 저의 말을 듣고 심정이 어떠신지요?"

그러자 '바다'는 깜짝 놀라는 표정을 지으면서 "제가 그랬습니까? 지금 저의 심정은 그저 놀라울 따름입니다. 그리고 제가 힘들 때 아무도 나의 마음을 몰라주어 너무 외롭고 아내조차도 내가 힘든지 전혀 몰라줄 때가 많았습니다. 아내에게도 당신은 왜 내가 힘든지 모르는 거냐고 투정을 부리면, 아내는 당신이 힘들어하지 않는데 내가 어떻게 하냐, 오히려 힘이 들 때도 안 힘들어해서 이상했다고 한 말이 생각나네요. 그때는 저렇게 미련한 아내하고 사는 내가 불쌍하다고 생각했는데 지금 하시는 말씀을 듣고 보니 실은 제가 힘들다는 말을 안 해서 그런 것이 아닌가하는 생각이 처음으로 들었습니다. 그래서 놀랍기만 합니다."라고 말하였다.

이와 같이 시기적절하고 공감적인 피드백은 자신을 발견하도록 하는데 아주 놀라운 힘이 있음을 알 수 있다.

 나눔

1. 강의를 통한 자기 발견이나 깨달음을 나눈다.

2. 관찰자 선정: 관찰자를 선정하되 선정방식은 자유롭게 한다. 관찰자는 모임 전체에 대한 집단원의 이야기를 요약하고 전체 흐름에 대하여 간략하게 기술하여 보고한다. (관찰자 보고서 양식은 부록에 있음)

3. 지금-여기에서의 만남 : 집단원의 태도에 대하여 다음의 질문에 각자 답을 하면서 그 이유는 무엇인지 적어보고 그것을 전체 집단원 앞에서 나누어 본다.
   - 발언 횟수가 가장 많았던 사람이나, 발언 횟수가 가장 적었던 사람은 누구인가?
   - 집단 모임 중 집단의 성과에 가장 공헌이 컸던 사람이나 가장 공헌이 적었던 사람은 누구인가?
   - 분위기를 화기애애하게 만들었던 사람은 누구인가?
   - 집단 모임을 통해 가장 호감이 가는 사람이나 호감이 가지 않는 사람은 누구인가?

이상의 내용에 대하여 솔직하고 용기있게 피드백 해본다. 지적받은 사람, 지적받지 못한 사람은 어떤 느낌이 드는지 나누어 보면서 자신에 대해 새롭게 발견해 보자.

4. 전체 나눔을 한 후에 관찰자가 요약한 것을 발표한다. 전체 나눔과 관찰자의 발표를 통하여 느껴진 자기 발견과 타인 발견에 대하여 나눈다.

 마무리

이번 회기를 마치면서 드는 여러 가지 생각이나 느낌, 자신과 타인에 대한 발견을 나누고 다음 모임에 대한 기대를 나누도록 한다.

4회 경계선 유지

 지금- 여기의 느낌 나누기

　모임을 시작하면서 느껴지는 나의 감정을 중심으로 간단히 자신의 마음을 나눈다. 이때 자신의 감정에 너무 몰두한 나머지 이야기의 흐름을 잃어버린다던지, 이야기를 듣는 사람에 대한 고려 없이 감정에 몰입해 있지는 않은지 자각하면서 이야기를 한다. 듣는 사람은 상대방의 이야기에 경청한다.

 강의

1. 경계선의 개념 및 필요성

　갓난아이는 태어나게 되면 전적으로 부모(특히 어머니)에게 의존하여 살아갈 수밖에 없다. 이것을 융합이라고 부른다. 그러다가 갓난아이가 자라 어린이가 되면서 어머니와의 융합에서 서서히 벗어나서 자기 자신의 정서적 자주성을 향해 나아가는 과정 중, 개체(어린이)가 다른 개체(부모나 중요한 타인)와 사고와 정서를 분리시킬 수 있는 능력을 경계선 설정이라고 부르며 이것을 자아분화라고도 표현한다. 자아분화가 어느 정도 성취된 개인은 타인과의 관계에 있어 융합이 아닌 친밀감을 형성할 능력을 가지고, 타인의 인정이나 영향을 받으면서도 개체의 독립을 유지하며, 이들 때문에 자신의 일관된 생활 원리나 신념 및 가치들을 버리지는 않는다.

경계선이 필요한 이유는 사람은 누구나 자기만의 독특한 세계를 갖고 싶어 하기 때문이다. 그래서 자신을 위해서나 타인을 위해서도 경계선을 적절하게 유지할 수 있어야 한다. 또한 인간은 내적으로 악함과 부패한 본성이 있어서 자신의 연약함을 다스리지 못하면 다른 사람에게 상처를 줄 수 있는 존재이다. 자신의 경계선을 세울 수 없는 사람은 다른 사람들이 자신에게 상처를 주어도 그것을 방어할 힘이 없다. 그래서 상처를 주는 대로 다 받게 된다. 또 반대로 타인의 경계선을 침범하여 타인에게 해를 끼치는 악순환이 반복된다. 따라서 인격적인 관계가 유지될 수 있으려면 인간관계에서 영적, 심리적, 경제적, 물리적으로 전인적인 경계선이 반드시 필요하다.

경계선이 제대로 지켜지지 않는 관계는 주로 가족 내에서 발생한다. 부모와 자녀의 관계에서 경계선이 분명하지 않은 부모는 자녀가 비밀을 갖는 것을 용납하지 못한다. 자녀가 자기만의 비밀을 갖고 싶고, 비밀을 간직하기 시작하는 것은 이제 부모의 그늘에서 벗어나 자기만의 세계를 갖는 성장의 발걸음을 내딛는 것인데 자녀의 인격에 대해 적절한 경계선을 보호해 줄 능력이나 마음이 없는 경우, 자식의 이러한 행동을 배척으로 느끼면서 분노하게 된다. 안타깝게도 부모의 이러한 행동은 자식의 인격을 존중하는 것이 무엇인지 모르는 행동이기에 자녀는 부모의 침범을 다 받아들이게 되고 자신만의 경계선을 지키는 것이 무엇인지 모른 채 비인격적으로 그 삶이 무너지게 된다.

인격적인 경계선이 제대로 지켜지지 않는 또 다른 예는 바로 부부관계에서 자주 볼 수 있다. 배우자를 의심하여 핸드폰이나 메일을 몰래 본다든지, 사랑한다고 하면서 일일이 상대방의 행동에 간섭하는 것은 사랑을 가장한 인격 침범인 것인데 이러한 감각이 너무 부족한 것이 한국의 현실이다.

부부관계 외에도 가족 내의 한 사람이 경제적으로 부도가 나거나 힘들어지는 경우, 한국적 상황에서는 경제적으로 곤란을 겪고 있는 한 사람 때문에 가족 전체가 힘들어지는 경우를 자주 볼 수 있다. 이외에도 부부의 문제를 시댁 식구나 친정 식구가 나서서 해결하려는 행위 등도 다 경계선에 문제가 있는 예이다.

경계선을 지키지 못하면 관계에 혼란이 오며 소외감, 거절감, 좌절, 정체성의 상실, 자기포기, 무절제한 삶, 분노, 무책임 등의 문제점들을 갖게 되고 다른 사람에게도 부정적인 영향을 주게 된다. 심지어 경계선이 불분명하거나 점점 파괴되는 경우, 병리적인 상태까지 발전하게 되므로 각종 인격 장애(편집성, 정신분열성, 히스테리성, 자기애성, 반사회성, 경계성, 회피성, 의존성 인격 장애)가 나타나게 된다.

2. 경계선 실패의 여러 양상

인간은 모두 각자 타인과 구별되는 독립적인 개체인 동시에 타인과 경계에서 만난다. 이 경계를 통해 각자 타인과 구분되는 자신의 정체성을 유지할 수 있는 동시에, 또한 이 경계로 인하여 타인과 접촉이 가능하고 접촉을 통하여 우리에게 필요한 에너지를 얻을 수 있다. 만일 이러한 경계가 불분명하거나 왜곡되어 있으면 개인은 자신을 잘 보호할 수 없으며, 환경과의 접촉도 원활하게 할 수 없다. 경계는 자신의 영역을 보호할 수 있을 정도로 명확해야 하고 동시에 타인과 교류가 가능할 만큼 신축성이 있어야 한다.

건강한 개인은 경계를 통하여 자신에게 필요한 것은 받아들이고, 해로운 것에 대해서는 유입을 막을 수 있다. 하지만 건강하지 못한 개인은 경계가 불분명하여 자신의 욕구나 정서를 자신의 것으로 지각하여 해결하지 못한다. 접촉 경계 장애의 주요한 기제로는 내사, 투사, 반전, 융합, 회피 등의 다양한 형태가 있다.

다양한 접촉경계 혼란 행동[5]들은 자신의 욕구나 감정을 분명히 알아차리지 못하게 함으로써 욕구, 감정, 사고 등 자신의 내면과 만나지 못하게 하는 결과를 낳는다. 따라서 개인의 성장을 저해하도록 만들거나 여러 가지 심리적, 정신적 장애를 일으키기도 한다. 접촉 경계 혼란 행동은 무엇보다도 개인을 내적으로 분열되고 혼란된 상태에 빠지게 만들어 자신을 하나의 연결된 통합체로 경험하지 못하게 만들며, 그 결과 타인과의 연결성도 체험하기 어렵게 만든다. 그리하여 개인은 내적으로나 외적으로 모두 연결성을 상실한 채, 혼란과 분열에 처하게 된다.

1) 내사

타인의 가치관이나 판단기준을 자신이 가지고 있는 것과 융화함이 없이 무비판적으로 수용하는 것이다. 자신이 접촉하여 이해하지 못하고 나의 것으로 만들지 못했다면 그것은 내가 되지 못하고 나의 것이 되지 못한다. 당신이 음식물을 먹어 충분히 소화하지 못한다면 그것은 당신의 건강을 해치는 이물질이 된다. 이렇게 내사는 당신이 가지고 있으면서도 당신이 아닌 다른 어떤 것이다. 예컨대, "어떤 경우에도 화를 내어서는 안된다." 는 부모님의 교육이 내사 형태로 존재한다면, 타인에게 부당한 침해를 받아도 분노감정을 느끼지 못하게 된다. 그렇게 되면 분노감정은 미해결과제로 남게 되며 이로 인해 적응상의 문제를 초래하게 된다.

2) 투사

나의 욕구나 정서 혹은 생각, 가치관 등이 나의 것으로 지각하지 못하고, 타인의 것으로 왜곡하여 지각하는 것을 지칭한다. 가령, 자신의 슬픔을 자신의 감정으로 지각하지 못하고 타인의 슬픔으로 지각하는 것 같은 경우이다. 이렇게 되면 자신의 슬픔을 온전히 수용하지 못하게 됨으로 슬픔을 해결할 수 없게 된다.

---

[5] 노안영, 상담심리학의 이론과 실제(서울:학지사:2005) 236-238.

3) 반전

타인에게 하고 싶은 행동을 자기 자신에게 하는 행동을 말한다. 자신을 배신한 남자에게 화가 나지만 화를 내면 그가 영영 떠나버릴까 봐 화를 내지 못하고, 오히려 분노를 자신에게 돌려버린다. 즉 자신의 잘못 때문에 애인이 자기를 버린 것이라고 자책하는 것이다. 반전은 또한 타인이 자기에게 해주기를 바라는 행동을 자기 자신이 자기에게 하는 행위도 포함된다. 즉 아무도 자기의 아픔을 위로해 주지 않을 때 스스로 자기를 위로해 주는 것이다. 누군가에게 화가 난 경우, 이런 사람은 자신의 에너지 방향을 직접적인 당사자에게 화를 내지 못하고 돌려서 자신에게 화를 내며 고문하기까지 한다. 반전기제는 때로 긍정적으로 사용되기도 한다. 즉 주어진 상황에서 합리적인 근거로 반전을 사용하여 타인에게 행동할 것을 억제하는 것이다.

4) 융합

자신과 타인의 경계가 없어지고 타인과 한 덩어리가 된 상태이다. 융합행동을 보이는 개인은 항상 타인의 기대에 따라 행동하며 어떤 경우에도 서로 간의 갈등을 피하려고 하며, 조화롭고 편안한 관계의 유지를 위해서는 어떤 희생이든 치를 준비가 되어 있다. 갑이 행복하다고 느끼면 을도 행복하다고 느끼고, 갑이 불행하다면 을도 불행하다고 느끼는 일심동체와 같은 관계 유형이 여기에 해당된다. 그들은 서로 간에 어떤 갈등이나 불일치도 용납하지 못한다. 이런 경우, 서로의 관계를 깨뜨리는 행위는 암묵적으로 금기시 된다. 자신의 개성과 자유를 포기한 대가로 얻은 안정을 깨뜨리려는 행위는 서로에 대한 계약 위반이므로 상대방의 분노와 짜증을 사게 되며 융합관계를 깨뜨리는 쪽은 심한 죄책감을 느끼게 된다. 융합관계에 놓인 개인은 명확한 자기 경계가 없으므로 타인과 제대로 접촉할 수 없으며 사신의 욕구와 감정을 제대로 해소할 수 없게 된다.

5) 회피(편향)

개인이 성장을 위해 필요한 환경과의 접촉을 회피하는 행동을 가리킨다. 이때 그는 환경과 접촉하는 대신 다른 불필요한 행동을 함으로써 접촉을 회피한다. 즉 타인과의 갈등을 회피하기 위해 딴 곳을 쳐다보거나, 화제를 돌리거나, 말을 장황하게 하거나 혹은 웃어넘기는 행동 등이다. 이러한 행동도 환경과의 접촉을 차단함으로써 적응상의 문제를 초래할 수 있다.

3. 경계선 사례

감수성훈련에서 김 집사는 친구인 박 집사가 최 집사로부터 공격을 받고 의기소침해지자 자기도 같이 맥이 풀린 채 우울해져 가만히 앉아 있었다. 그는 더 이상 집단의 흐름을 함께 따라가지 못하고 풀이 죽어 혼자 생각에 빠져버렸다. 이런 경우, 김 집사의 행동을 자세히 살펴보면 김 집사는 박 집사와 융합 관계에 있기 때문에 박 집사가 공격을 받자 마치 자기 자신이 공격을 받은 것처럼 느껴 최 집사에게 분노했다. 그래서 그는 박 집사를 대신해 최 집사와 싸우고 싶었지만 최 집사와 그를 편드는 사람들이 두려웠기 때문에 최 집사에 대한 분노를 억압함으로 우울해진 것이다. 만일 상담자가 김 집사의 이런 접촉경계 혼란 행동들을 하나씩 자각시켜주면 그는 이것을 해결하고 다시 집단으로 돌아올 수 있게 된다.

감수성 훈련에서는 자각을 매우 중시하는데, 이는 자각이 개체가 자신에게 필요한 것을 인식하고 이를 환경과 접촉하여 조달하기 위해 가장 필요한 생존도구이기 때문이다. 자각이 없는 경우, 개인은 현실을 정확히 지각하지 못하며, 따라서 현실에 맞는 행동을 선택하지 못한다. 그들의 행동은 고정되고 패턴화된 습관적 행동이며 부적응적이다.

  감수성 인도자는 내담자의 자각을 증진시켜 주기 위해 내담자에게 자신의 욕구나 감정을 묻는 질문을 하기도 하고, 내담자로 하여금 자신의 신체감각이나 신체 자세 혹은 목소리에 주의를 기울이도록 해 주기도 하고, 내담자가 사용하는 언어형태에 대해 피드백을 주기도 하며, 혹은 빈의자를 사용해서 중요한 대상과의 대화를 유도하여 미해결 정서를 자각시켜주는 등 다양한 방법들을 동원한다. 또한 투사나 반전 등 내담자의 무의식적인 접촉경계혼란 행동들을 자각시켜주어, 이를 멈추고 지금 여기 현실과 접촉하도록 도와주기도 한다.

  자각은 내담자로 하여금 자신의 내면과 잘 접촉하도록 도와주며, 자신의 경험과 행위에 대한 소유자로서의 책임을 질 수 있게 해준다. 자각이 없으면 자신의 정서나 욕구, 생각, 가치관 등을 자신의 것으로 지각할 수 없으며, 그렇게 되면 행동에 혼란이 일어난다. 자각이 증진되면 자신과 환경, 타인, 현재 상황에 대한 인식이 정확해지며, 상황에 맞는 적응적인 행동을 선택할 수 있게 된다. 반대로 자각이 없으면 현재 상황을 고려하지 않음으로써 선택의 폭이 좁아진다. 즉 고정적이고 패턴화된 행동방식을 답습하게 된다.

  인도자는 내담자로 하여금 자신의 소외되고 억압된 부분들을 잘 접촉할 수 있도록 도와주어야 하는데, 이때 치료자의 공감과 지지가 매우 중요하다. 치료자의 공감과 지지가 없으면 내담자들은 대부분 처음에는 혼자 힘으로 자신과의 접촉을 유지하거나 완결시키기 어렵다.

4. 적절한 경계선 유지하기

적절한 경계선을 유지하도록 하기 위해서는 다음의 과정이 필요하다.

1) 경계선 유지의 필요성 자각하기

경계선을 적절하게 유지할 수 있는 사람은 환경(사람, 사건 등)과 교류하면서 자신이 인격적으로 수용해야 할 것은 경계를 열어 받아들이고, 외부 환경에서 비인격적이며 해로운 것이 들어올 때는 분명하게 경계를 닫음으로써 자신을 보호한다. 그런데 이 경계에 문제가 생기게 되면 환경과의 유기적인 교류접촉이 차단되고 관계적·심리적·생리적 혼란이 생긴다는 사실을 깊이 인식하는 것이 그 무엇보다 중요하다.

2) 경계선 실패의 위험성을 자각하기

경계선 설정이 잘 안되어 있는 경우, 밀접한 관계에 있는 두 사람이 겉으로 보기에는 서로 지극히 위해주고 보살펴주는 사이인 것처럼 보이지만, 내면적으로 서로 독립적으로 행동하지 못하고 의존관계에 빠져있는 경우가 많다. 융합으로 인해 자신의 경계를 갖지 못할 때 개인은 자신의 욕구나 감정을 제대로 해소할 수가 없고 점점 더 서로에게 예속되어 병리적으로 관계가 발전되는 것이다.

3) 자신의 현 상태 파악하기

자신의 행동 중에서 현재 경계선이 잘 유지되고 있지 않은 사람이 누구인지 찾아보게 한다. 자신의 가족 중에 누가 있는지 또는 감수성 훈련 장면에서 다른 사람에 대해 유난히 화가 나거나 도와주고 싶거나 마음이 끌리는 경우가 있다면 그것을 이야기 하도록 하여 자신에게 접촉경계문제가 있는 것을 파악하도록 한다.

4) 자신에 대해 믿어주기

내담자가 스스로 자신을 보살필 수 있다고 믿게 한다. 치료자는 내담자의 자립능력을 일깨워 주고 그 능력을 가질 수 있도록 도와주는 방향으로 이끈다. 내담자는 흔히 자기에게는 자신에게 필요한 자원과 능력이 없다고 믿기 때문에 외부지지를 받기 위해 타인에게 의존하거나 조종하려고 한다. 내담자의 이러한 시도를 좌절시킴으로써 자신의 에너지를 동원하여 주체적으로 행동하고 자기지지를 할 수 있도록 치료자가 지원해 주고 그 힘이 자신에게도 있음을 자각하게 한다.

5) 성장 가능성에 초점 맞추기

인간은 환경과의 관계 속에서 스스로 성장 변화해 나가는 존재이며 하나님의 보호와 이끄심이 있기에 결국은 성장하게 되어 있음에 초점을 맞춘다. 따라서 현재 드러난 증상을 제거하기보다는 성장에 더욱 관심을 기울인다. 인간은 스스로 자신의 가장 이상적인 상태로 변화하고 성장해 나갈 수 있다는 신념을 갖도록 도와준다.

6) 하나님의 사랑 경험하기

하나님에 대한 진실한 믿음을 바탕으로 영적, 심리적으로 하나님을 의지하고 하나님을 나의 부모로 받아들인다. 하나님께 전적으로 의존해도 나의 경계선은 무너지지 않고 오히려 그분의 사랑과 인격이 나에게 영향을 미쳐 내가 성숙한 신앙과 인격을 가지게 된다.

나눔

1. 강의를 통한 자기 발견이나 깨달음을 나눈다.

2. 관찰자 선정: 관찰자를 선정하되 선정방식은 자유롭게 한다. 관찰자는 모임 전체에 대한 집단원의 이야기를 요약하고 전체 흐름에 대하여 간략하게 기술하여 보고한다.

3. 지금-여기에서의 만남: 자신의 삶에서 적절하지 못한 경계선의 모습이 있다면 어떤 것이 있는지 표현해 본다. 듣는 사람은 수용과 직면, 지금-여기, 피드백 기술에 따라 이야기에 반응한다.

마무리

이번 회기를 마치면서 드는 여러 가지 생각이나 느낌, 자신과 타인에 대한 발견을 나누고 다음 모임에 대한 기대를 나누도록 한다.

5회 투사 벗기

 지금- 여기의 느낌 나누기

모임을 시작하면서 느껴지는 나의 감정을 중심으로 간단히 자신의 마음을 나눈다. 이때 자신의 감정에 너무 몰두한 나머지 이야기의 흐름을 잃어버린다던지, 이야기를 듣는 사람에 대한 고려 없이 감정에 몰입해 있지는 않은지 자각하면서 이야기를 한다. 듣는 사람은 상대방의 이야기에 경청한다.

 강의

1. 투사란

투사는 인정하고 싶지 않은 개인감정이나 수망, 태도, 성격 특징을 자신에게 속한 것이 아닌, 다른 사람에게 속한 것이라고 지각하는 것이다. 이러한 투사는 자신의 욕구나 감정을 자신의 것으로 자각하고 접촉하는 것을 두려워한 나머지 그것에 대한 책임 소재를 타인에게 돌림으로써 나타난다. 사람들이 투사를 하는 이유는 받아들이기 힘든 부분을 부정해 버리고, 그것을 타인의 것으로 돌려버림으로써 심리적 부담을 덜 수 있기 때문이다. 그래서 이 기제를 사용하는 사람들은 자신의 잘못을 다른 사람에게 전가하는 행동을 통하여 자신의 결함이나 결점을 인정하지 않으려 한다. 또한 자신의 불만족을 다른 사람을 통해서 만족시키기도 한다. 우리는 삶 속에서 빈번히 투사를 사용하고 있는데 잘 모르고 있을 뿐이다.

일반적인 투사의 예로는 어떤 사람에 대한 미움의 감정이 있을 때 그 사람이 자신을 미워하기 때문에 그를 미워할 수밖에 없다고 정당화하는 경우가 있다. 며느리가 자신을 독살하려한다고 말하는 시어머니의 경우, 시어머니 자신이 며느리가 너무 미워서 독살하고 싶은 마음을 투사한 것이다.

이러한 투사기제를 아주 심하게 사용하는 경우, 다른 사람의 무의식에 지나치게 민감하게 되고, 편견, 부당한 의심이나 경계, 오해, 책임전가, 현실을 왜곡하는 현상 등이 나타나게 된다.

투사는 심한 경우, 정신증적 상태나 망상증후군에서 많이 발견되지만 정상상태에서도 널리 사용되는 기제이다. 자신이 타인에게 애정이나 적개심을 가지고 있으면서 오히려 타인이 자기에게 애정이나 적개심을 가지고 있다고 보는 등 일상생활에서 빈번히 볼 수 있는 모습이다. 따라서 자신이 남에게 투사하고 있는 것을 알지 못하면 자신의 것을 남에게 뒤집어 씌우면서도 자신은 전혀 잘못이 없다는 무서운 오류를 범할 수 있으므로 투사적 사고를 보는 것은 아주 중요한 훈련이라고 할 수 있다. 따라서 우리는 자신이 누구에게, 어떤 내용을, 어떤 형태로 투사하고 있는지 발견하여 그러한 투사는 바로 자신의 것임을 자각하고 이해함으로, 좀 더 책임 있는 삶을 살 수 있고 삶을 능동적으로 개척해 가도록 돕고자 한다.

2. 투사 사례

1) 부정적 투사

어떤 집단원은 감수성 훈련자가 모임을 인도하는 것에 대해 "당신은 너무 몰아붙이고 사람에게 여유를 주지 않는 것 같습니다. 나는 그러한 점이 못마땅해서 몰아붙이는 느낌이 들 때마다 안 그랬으면 좋겠다는 생각이 들면서 마음으로 거부감이 일어납니다." 라고 감수성 훈련자에게 공격적으로 말하였다. 이때 상담자는 그의 말을 수용하고 자신에게 그러한 면이 있음을 인정하였다.

그 후 그에게 도움을 주기 위해 "지금 저에게 하신 말씀이 혹시 자신에게도 있을 수 있는데 이 점에 대해 어떻게 느끼십니까?"라고 조심스럽게 표현하였다. 그 집단원은 "가만히 생각해 보니 내가 집안에서 아이들이나 남편에게 내 맘에 안 드는 행동을 할 때마다 닦달하고는 그런 내 모습이 너무 맘에 안 들어서 다음부터는 그러지 말아야지라고 다짐했던 것이 떠오르네요. 그래서 속상하고 자신이 미워져 이런 모습을 보고 싶어 하지 않았던 것이 느껴지네요."라고 말하면서 상담자에 대한 자기의 마음이 투사였음을 가슴 깊이 수용하였다.

2) 긍정적 투사

또 다른 내담자는 자기존중감이 매우 낮았는데, 치료자는 그에게 돌에 대해 가능한 모든 긍정적인 진술들을 해보라고 말했다. 그러자 그 내담자는 돌의 속성으로 "안정되고 믿을만하고 유용하며, 아름답고 신기하다." 등의 수식어들을 사용했다.

이때 치료자는 다시 내담자에게 '나는' 이라는 말을 그 형용사들 앞에 붙여서 말하도록 시켰는데, 내담자는 이 실험을 하고 난 뒤 마침내 자기 자신에게도 그러한 속성이 있음을 발견하고 매우 기뻐했다.

이것은 내담자가 이제까지 자기 자신의 장점을 다른 사람들에게 투사하고 자기는 쓸모없는 사람이라고만 생각해 왔는데, 돌에게 자신의 장점을 투사한 사실을 발견하고서 자신의 내면에 이렇게 긍정적인 모습이 있음을 찾아내고 기뻐한 것이다.

3. 투사 벗기-제3의 시각으로 보기

이성계가 왕으로 등극한 후 어느 날 무학대사와 환담하게 되었다. 이성계는 무학대사를 보고는 꼭 멧돼지처럼 생겼다고 농담을 하였다. 이 말을 듣고 대사는 아무 말도 하지 않고 빙긋이 웃고만 있었다. 한참을 기다려도 아무 반응이 없자 이성계는 "그래 대사는 내가 무엇처럼 보이는가?" 하고 물었다.
그러자 대사는 "부처님처럼 보입니다." 라고 대답했다.
이성계는 의아한 듯 "나는 대사를 멧돼지처럼 보인다고 했는데 어째서 그대는 나를 부처님처럼 보인다고 하는가?"라고 물었다.
대사의 대답은 이러했다.
"멧돼지의 눈에는 멧돼지만 보이고 부처님 눈에는 부처가 보입니다."
"……"

이처럼 이성계가 무학대사에 대해서 하는 말은 이성계가 무학대사의 전체 모습을 보고 말하는 것이 아니라 무학대사의 모습 중의 일부만을 보고 말한 것이다. 이런 경우 이성계가 무학대사에 대해 본 것은 이성계의 내면에 있는 모습으로서 그 모습을 무학대사에게 투사한 것인데 이것이 상대방 것이라고 믿고 주장하게 된 것이다.
결국 우리가 다른 사람에 대해 '안다' 또는 '본다' 라는 말은 자신의 생각과 마음 즉 무의식에 근거한 것임을 알 수 있다. 이러한 한계를 인정할 수 있을 때 투사를 벗을 수 있다. 즉 자신의 주관성으로 남을 보고 판단하는 것이 아니라 "내가 본 것은 당신의 전체 중 내가 보고 싶은 것만을 본 것입니다. 그러기에 당신에 대한 내 생각은 나의 것이기도 하다는 것을 먼저 인정합니다. 그러나 당신에게도 이러한 면이 보이는 것도 사실이기에 그것에 대해 말하고 싶습니다."와 같은 제 3자적 시각으로 보고 말하기 시작할 때 투사에서 벗어날 수 있게 되는 것이다. 제 3자적 시각으로 보고 말하는 것은 어색하고 내 것 같지 않지만 끊임없이 노력하고 훈련할 때, 나의 것으로 다른 이에게 덮어씌우는 어리석은 행동은 하지 않을 것이다.

 나눔

1. 강의를 통한 자기 발견이나 깨달음을 나눈다.

2. 관찰자 선정: 관찰자를 선정하되 선정방식은 자유롭게 한다. 관찰자는 모임 전체에 대한 집단원의 이야기를 요약하고 전체 흐름에 대하여 간략하게 기술하여 보고한다.

3. 지금 여기에서의 만남: 그 동안 자신의 삶에서 투사적 시각으로 타인을 본 것이 있다면 자발적으로 표현하는 연습을 해 본다. 먼저 타인에 대한 긍정의 모습과 부정의 말을 적어보고 그것이 나의 투사임을 표현한다.

① 긍정 투사(다른 사람에게 보여진 긍정의 모습):

② 부정 투사(다른 사람에게 보여진 부정의 모습):

 **마무리**

이번 회기를 마치면서 드는 여러 가지 생각이나 느낌, 자신과 타인에 대한 발견을 나누고 다음 모임에 대한 기대를 나누도록 한다.

6회 영성 훈련

 지금- 여기의 느낌 나누기

   모임을 시작하면서 느껴지는 나의 감정을 중심으로 간단히 자신의 마음을 나눈다. 이때 자신의 감정에 너무 몰두한 나머지 이야기의 흐름을 잃어버린다던지, 이야기를 듣는 사람에 대한 고려 없이 감정에 몰입해 있지는 않은지 자각하면서 이야기를 한다. 듣는 사람은 상대방의 이야기에 경청한다.

 강의

1. 영성이란

   기독교 영성은 삶의 궁극적 실체이신 하나님과의 만남이요, 하나님 앞에서 자기 자신과의 만남이요, 자신이 속한 공동체와의 만남이다. 이러한 만남은 삶에 대한 새로운 이해와 목적의식을 갖게 하며 삶에 대한 새로운 정서로서의 수용됨을 경험케 한다. 또한 영성은 하나님 안에서의 나 자신에 대한 새로운 이해와 내면적 수용을 실천에 옮길 수 있는 에너지를 제공해 준다. 그리하여 하나님, 자신 그리고 공동체에 대한 관련된 이해 속에서 자신의 삶을 다른 삼자들에게 구체적으로 표현하는 것을 말한다.

영성이란 지성과 감성과 의지를 포함하는 영혼 전체의 성품을 가리키는 종합적이고 전인적인 개념이다. 기독교 영성이란 단지 머리로 교리에 대한 이해나 광신적 감정, 또는 맹목적인 행동주의가 아니라 삶의 모든 부분이 함께 통합적으로 작동하는 것이다. 즉 하나님의 말씀에 대한 이해와 이에 대한 믿음, 그리고 믿음의 결단에 따른 행동이 함께 작동하는 것이 기독교 영성의 지향점인 것이다.

기독교 영성은 영적 실체이신 하나님과 하나님의 형상으로 지음 받은 영적 존재인 인간의 관계이다. 즉 바른 영성은 하나님 중심의 삶이다. 그것은 하나님의 영광을 향하여 있으며 세상과 역사 속에 하나님의 나라를 구현하려고 한다. 이러한 기독교의 영성은 이 세상을 벗어나거나 우리 인간의 역사를 벗어난 것이 아니다. 그것은 역사 한 복판에서 하나님의 나라를 확장하며 복음의 능력을 사랑으로 보여주는 것이다.

이처럼 기독교 영성은 관계적인데 하나님의 은혜로 말미암아 인간은 하나님을 만나며, 하나님과의 만남은 진정한 자기 본질과의 만남을 경험할 수 있게 해준다. 그리고 이 관계를 만들어가는 것은 하나님의 말씀이다. 이것이 기독교 영성의 기둥이다. 곧 성경과 신학과 교회의 설교가 기독교 영성의 원천이 되는 것이다. 이러한 매개물을 통해 우리가 만나고 누리는 생명은 예수님이시다. 그리고 하나님은 우리가 연약하기 때문에 끊임없이 보혜사인 성령을 통해서 우리에게 기름 부으시고, 성령은 은혜의 방편들을 통해 크게 역사 하셔서 우리를 더욱 성령의 사람으로, 영적인 사람으로 만들어 가신다.

"우리가 다 하나님의 아들을 믿는 것과 아는 일에 하나가 되어 온전한 사람을 이루어 그리스도의 장성한 분량이 충만한 데까지 이르리니" (엡 4:13)

2. 올바른 영성의 핵심

영성의 핵심은 두 가지이다. 첫째, 믿음이다. 믿음은 기독교적 영성의 핵심이다. 하나님께서 나를 이끌어 당신의 자녀를 삼으셨으며 창세 전에 선택하셔서 불가항력적인 힘으로 우리를 이끌어 당신을 믿게 하신 것이다. 그래서 우리가 예수를 믿게 된 것이다[6]. 나의 힘이나 노력이 아니라 하나님께서 나를 끌어다가 예수님에게 이끌어 준 것이다. 우리가 예수를 믿은 것은 우연히 된 것이 아니며, 내가 믿고 싶어서 믿게 된 것이 아니라 하나님이 선택해서 아들로 삼으셨기 때문에 때가 되어 예수를 믿은 것이다. 따라서 우리의 믿음은 하나님의 선물이며 은혜라는 사실을 믿는 것이 믿음의 본질이다.

진정한 믿음은 전능하신 하나님이 나를 사랑하셔서 강권적으로 나를 영원히 붙드시고 나와 함께 계시기 때문에 내가 그분을 신뢰하든 안하든 태산 같은 든든함을 가지는 것이다. 하나님은 이런 분명한 사랑으로 나를 설득하시고 내게 믿음을 주셔서 마침내 내게 사랑의 고백을 받아내셨다. 따라서 불신을 몰아내고 하나님께 나를 맡기면 광풍이 불어오는 바다 속을 유유히 지날 수 있는 능력을 부여받게 된다.

두 번째 영성의 핵은 사랑이다. 1997년 세상을 떠난 캘커타의 테레사 수녀는 지난 세기의 인류의 어머니로 존경받을 만한 사람이었다. 그녀의 죽음을 애도해서 인도에서 그녀를 국장으로 장례를 치른 것은 20세기의 기적 가운데 하나였다. 어떻게 힌두교의 나라에서 한 가톨릭의 수녀가 세상을 떠났는데 그녀의 죽음을 슬퍼하면서 국장으로 장례를 치를 수 있었을까! 테레사수녀는 힌두교도를 감동시켰고 힌두교도들의 통곡 속에서 눈을 감았다.

"우리 가운데 굶주린 자가 있는 것은 우리가 나누어주지 않았기 때문입니다." 테레사 수녀의 이 말은 지금도 세계의 수많은 사람의 가슴을 움직이고 선한 일로 이끄는 위대한 가르침이 되고 있다. 캘커타의 마더 테레사의 집은 거의 자원봉사자들

---

[6] 요한복음 6장 44절 "나를 세상에 보내신 아버지께서 이끌지 아니하면 아무라도 내게 올 수 없느니라."

에 의해 유지된다. 자원 봉사자들은 새벽기도회 때 테레사 수녀가 전하는 말과 기도를 들으며 영적인 힘을 얻었다. 테레사 수녀의 영적인 힘은 무엇이었을까? 테레사 수녀의 영적인 힘의 핵은 하나님의 아가페, 그 사랑이었다.

> "자기 아들을 아끼지 아니하시고 우리 모든 사람을 위하여 내어주신 이가 어찌 그 아들과 함께 모든 것을 우리에게 은사로 주시지 아니 하겠느냐"(롬 8:32)

사랑은 이 세상이 기대하는 로맨틱한 사랑이나 집착적(의존적) 사랑, 정신집중의 사랑, 목적 없이 주는 사랑, 감정적인 사랑, 표현하지 않는 사랑, 조건적인 사랑, 유희적 사랑이 참사랑이 아니기 때문에 하나님의 사랑인 아가페로 이 땅을 치료해야 한다.[7] 미하엘 벨커(M. Welker)에 의하면 사랑은 성령이 역사하는 통로이자 성령이 역사하는 장이다. 사랑은 세상에 평화를 만들고 전쟁과 죽음을 몰아내고 생명의 세계를 만든다. 성령은 믿음 속에서도 역사하지만 사랑을 통해서도 강력하게 역사하신다. 그래서 성경은 말씀하신다.

> "그런즉 믿음, 소망, 사랑 이 세 가지는 항상 있을 것인데 그 중의 제일은 사랑이라" (고전 13:13)

---

7) 심수명, 사랑의 관계 회복을 위하여, (서울: 도서출판 NCD), 2003, 91-102.

 나눔

1. 올바른 영성을 정의해보고 그동안 영성에 대해 잘못 알고 있었던 것이 있으면 나누어보자.

2. 관찰자 선정: 관찰자를 선정하되 선정방식은 자유롭게 한다. 관찰자는 모임 전체에 대한 집단원의 이야기를 요약하고 전체 흐름에 대하여 간략하게 기술하여 말한다.

3. 지금-여기에서의 만남: 현재 자신의 영적인 상태에 대해 나누어 보도록 한다. 말하는 사람은 자유롭게 자신의 이야기를 하되 지금-여기의 원칙에 따라 이야기한다. 듣는 사람은 수용과 직면, 지금-여기, 피드백 기술에 따라 들은 이야기에 반응을 한다.

💗 마무리

　이번 회기를 마치면서 드는 여러 가지 생각이나 느낌, 자신과 타인에 대한 발견을 나누고 다음 모임에 대한 기대를 나누도록 한다.

7회 비구조화 종합 훈련

 지금- 여기의 느낌 나누기

모임을 시작하면서 느껴지는 나의 감정을 중심으로 간단히 자신의 마음을 나눈다. 이때 자신의 감정에 너무 몰두한 나머지 이야기의 흐름을 잃어버린다던지, 이야기를 듣는 사람에 대한 고려 없이 감정에 몰입해 있지는 않은지 자각하면서 이야기를 한다. 듣는 사람은 상대방의 이야기에 경청한다.

 강의

1. 감수성 인도자의 핵심 자질

감수성 인도자로서 갖추어야 할 역할은 다음과 같으며 역할에 따른 지식, 기능 및 태도의 관점에서 핵심 역량은 다음과 같다.

1) 참가자 역할

감수성 훈련에서는 치료 집단과 달리 인도자는 모든 참가자와 평등하다. 그러므로 인도자와 참가자와의 관계는 지도자와 참가자의 관계도 아니요, 상담자와 내담자와의 관계는 더더욱 아니다. 인도자이기 때문에 다른 여러가지 역할도 해야 하지만, 다른 참가자들과 함께 참가자의 역할에 가장 충실할 때 그 집단은 가장 잘 운영된다.

2) 수용(공감)자로서의 역할

인도자는 긍정적이면서도 무조건적인 긍정적 존중과 수용을 통해 한 개인의 성장과 변화를 촉진한다.

3) 관찰자로서의 역할

참가자들 개개인을 부분으로부터 전체에 이르기까지 관찰하는 훈련을 쌓아야 한다. 개개인에 대해서는 참가자의 특징과 성격, 기분, 의지, 가치관, 흥미, 관심도, 장점과 보완해야 할 점 등을 살펴야 한다. 개인의 역동성이 어떠한 형태로 소집단을 만들어 가는가, 소집단 내의 역동과 전체 장에 미치는 영향을 살펴야 한다.

4) 추진자로서의 역할

회기가 진행되어 가면서 참가자들의 언어적, 비언어적 반응들을 잘 파악하여 효과적인 순간에 개입할 계획을 세우고 실천해 가면서 참가자들이 자신의 갈등을 풀어낼 수 있는 힘을 기르고 스스로 자신의 성숙에 힘을 행사할 수 있도록 촉진해야 한다.

5) 조정자로서의 역할

의사소통상의 오해를 바로 잡고, 서로 간의 욕구가 다르기 때문에 생겨난 갈등을 조정한다. 또한 일어날 수 있는 갈등상황에서 갈등을 야기시킨 문제에 대한 객관적인 이해가 필요하다.

6) 시범자로서의 역할

인도자는 참가자들에게 살아있는 모델이다. '충분히 기능하는 한 사회인'으로서 돕는 이의 모습을 보여주어야 하며 감정표현, 의사소통, 인간관계, 리더십 등 모든 분야에서 언제라도 시범을 보일 수 있어야 한다.

7) 지도자로서의 역할

참가자들이 스스로 자신을 책임질 수 있고, 통제나 지시가 아니라 격려와 지지와 존중을 받으면 내면의 가능성으로 인해 발전할 수 있는 존재라는 사실을 믿는다. 그 가운데 자신에 대해 좀 더 깊게 이해하고 발견할 수 있도록 도와주는 역할을 하는 것이라고 생각하는 자세가 필요하다.

8) 지적자로서의 역할

인도자는 참가자들의 사소한 행동패턴에서부터 언어습관, 전체의 맥락까지 지적해 낼 수 있어야 한다. 장의 혼란이 어디서부터 시작되었고 어떤 왜곡을 거쳐 이어졌는지 마치 실타래를 풀어내듯 혼란을 풀어낼 능력을 가지고 피드백할 수 있어야 한다.

9) 지지, 칭찬, 격려자로서의 역할

참가자들이 앞으로 잘하겠다는 결심을 했을 때 해 주어야 할 것이 지지이다. 그 결심을 행동으로 실천했을 때 해 주어야 할 것이 칭찬이다. 그 결심을 실천해 나가다가 실패해 좌절에 빠져 있을 때 해주어야 할 것이 격려이다.

10) 창조자로서의 역할

인간이라는 존재는 고도로 창조성을 가진 존재이다. 집단 구성원들이 가진 창조성을 유감없이 발휘할 수 있도록 하기 위해서는 인도자도 창조적이어야 한다.[8]

2. 감수성의 15가지 요소

1) 자신에 대한 감수성

① 자기 표현(Self-Expression): 기다리거나 참지 않고 자신의 속마음이나 느낌을 감지하고 표현하는 능력을 의미한다.
② 자기 자각(Self-Awareness): 자신에 대하여 알아차리고 파악하는 능력, 무엇을 느끼고, 생각하고, 보는지(신체, 감정, 생각 등) 자신에 대하여 감지할 수 있는 능력으로서 반응을 할 때 자동적 반응이 아닌 의식적 반응을 할 수 있는 능력을 의미한다.
③ 자기 직면(Self-Confrontation): 자신의 연약이나 부족, 악을 피하거나 변명하지 않고 정면으로 맞닥뜨릴 수 있는 능력을 의미한다.
④ 자기 책임(Self-Responsibility): 자신이 한 말이나 행동, 느낌에 대하여 회피하지 않고 책임을 지는 능력을 의미한다.

---

8) 한알사람, 135-137.

⑤ 자기 존중(Self-Respect): 자기 자신에 대하여 스스로 존귀함을 갖는 것으로 자신을 사랑하고 수용하는 마음으로 자기에 대하여 믿어주는 능력을 의미한다.

2) 대인간 감수성

① 대인 존중(Other-Respect): 상대방을 가치 있는 사람으로 믿고 존중받을 만한 존재임을 확인해 준다. 즉 그가 진실로 가치 있고 귀한 존재임을 알게 해 주는 것이다. 존재 자체로 존중받을 만한 가치가 있다는 것을 경험하게 한다.
② 대인 주장(Other-Assertion): 상대방에게 위축되지 않고 상대방을 위협하지도 않으면서 하고 싶은 말을 할 수 있어야 한다. 자기의 존엄성을 지키며 상대방을 배려하는 인격적인 태도로 상대방에게 주장하고 요구하는 법을 배운다.
③ 대인 직면(Other-Confrontation): 자신의 문제 상황에 대해 더욱 객관적 시각을 가질 수 있도록 하여 불일치한 행동을 교정하고 자기 삶을 책임지도록 하는 훈련이다. 사람은 스스로 자신의 문제점을 인식하지 못하거나 외면하기 쉽기 때문에 다른 사람이 사랑의 마음을 가지고 문제점을 보게 해주어야 한다.
④ 대인 민감(Other-Sensitivity): 대인 민감성이 있을 때 다른 사람을 마음 깊이 만나게 된다. 나아가 더 깊은 수준으로 의사소통을 하게 되며 충분히 서로를 이해하게 된다. 대인 민감성은 타인의 감정을 정확하게 파악하고, 정서적 의도를 알아차려 줄 때 가능하다.
⑤ 대인 배려(Other-Love): 배려는 상대방의 느낌과 생각을 가지고 상대를 볼 수 있는 관계능력이다. 나아가 상대방을 긍정적인 눈으로 바라봄으로 그에게 힘과 격려를 주는 것이다. 상대방을 긍정적인 눈으로 바라보려면 자신을 먼저 수용하고 배려하는 시각이 필요하나. 자신을 먼저 배려해 줌으로써 타인을 배려할 수 있게 된다.

3) 상담자적 감수성

① 무조건적 긍정적 수용: 아무 조건 없이 있는 그대로 다른 사람을 대할 수 있는 능력, 싫은 사람에게도 일치, 성실성, 따뜻함으로 대할 수 있는가 평가하는 기준이다.
② 객관적 공감(Empathy): 자신의 기준이나 패러다임에 머무른 공감이 아닌 말한 사람 중심으로 공감하면서도 객관성을 유지할 수 있는 능력이다.
③ 일치성, 성실성(Congruency): 말과 행동, 말과 느낌, 생각과 느낌 등의 일치성을 의미한다.
④ 따뜻함(Warmth): 자신과 다른 사람에게 온정적 태도를 가지고 대할 수 있는 능력을 의미한다.
⑤ 전문성(Skills): 상담자로서 문제를 진단, 파악하고 개입하여 해결할 수 있는 능력이다.

♥ 나눔

자신의 내면세계를 들여다본다. 자기 자신의 깊은 내면세계를 통찰하고 나타내 보임으로써 자신에 대해 깊이 이해할 수 있다. 자기에 대해서 알수 있는 또다른 방법은 남들의 피드백을 통하여 배우는 것이다. 아무런 형식에 구애받음 없이 자신과 다른 생각, 의견, 감정을 가진 사람에 대하여 어떤 생각이 드는지 나누어 본다. 그리고 감수성의 15가지 기준에 따라 자신과 타인을 평가한다. 평가를 하는 이유는 잘함과 못함을 가리기 위한 것이 아니라 자신의 모습을 객관적으로 비춰봄으로 사회적 감수성을 향상시키고 본 감수성 훈련의 목적을 달성하기 위함이다.

 **마무리**

이번 회기를 마치면서 들은 소감, 자신과 타인에 대한 발견을 나누고 다음 모임에 대한 기대를 나누도록 한다.

부록 1 관찰자 평가 양식
부록 2 감수성 후기 및 보고서
부록 3 상담자 발달단계

부록 1 관찰자 평가양식

1. 관찰자 주요 지침

1) 전체 역동변화 과정 (변화요인)

전체적 집단 역동흐름은 어떻게 변하는가, 그 변동 요인은?

① 초반기 / 주요역동

② 중반기 / 주요역동

③ 종반기 / 주요역동

2) 개인 / 역동의 특징적 역동

구성원 중 누가 집단 역동의 변화에 기여하는가?

① 또래들의 역동

② 협력자의 역동

③ 지도자의 역동

3) 또래간의 역동

집단 구성원들 간에 어떤 특징적 역동관계가 작용하고 있는가?

① 갈등역동 및 해소

② 동맹역동

4) 감독 / 지도자와의 관계역동

누가 지도자 / 협력자와 어떤 태도와 역동을 보이고 있는가?

　　① 공격역동

　　② 갈등역동

　　③ 동맹역동

5) 관찰자 자신의 내면적 역동은 어떠한가?

　　① 전체과정에 대한 느낌?

　　② (특정)또래 구성원(들)에 대한 느낌?

　　③ 지도자 / 협력자에 대한 느낌?

　　④ 관찰자로서의 중요한 배움이 있는가?

　　⑤ 관찰자로서의 질문이 있다면?

6) 총평

2. 자기 관찰 질문지

회	훈련을 통한 나에 대한 지식	훈련을 통한 타인에 대한 지식	집단역동에서 얻은 지식
1회			

2회			
3회			
4회			
5회			
6회			
7회			

3. 감수성훈련 점검지

관찰자: 작성일자: 년   월   일 ____ 회

점검내용	전혀 없다	약간 있다	보통이다	많이 있다	극히 많다
01. 자기 표현	①	②	③	④	⑤
02. 자기 자각	①	②	③	④	⑤
03. 자기 직면	①	②	③	④	⑤
04. 자기 책임	①	②	③	④	⑤
05. 자기 존중	①	②	③	④	⑤
자신관련 요인 소계					
06. 대인 존중	①	②	③	④	⑤
07. 대인 주장	①	②	③	④	⑤
08. 대인 직면	①	②	③	④	⑤
09. 대인 민감	①	②	③	④	⑤
10. 대인 배려	①	②	③	④	⑤
타인관련 요인 소계					
11. 무조건 긍정적 수용	①	②	③	④	⑤
12. 객관적 공감	①	②	③	④	⑤
13. 일치성, 성실성	①	②	③	④	⑤
14. 따뜻함	①	②	③	④	⑤
15. 전문성	①	②	③	④	⑤
상담 및 감수성 기술 소계					
합 계					

유형	자신	타인	기술	전체 합계
부족형	5-10	5-10	5-10	15-30
노력형	11-15	11-15	11-15	31-45
정상형	16-20	16-20	16-20	46-60
이상형	21-24	21-24	21-24	61-74
특이형	25	25	25	75

4. 참가자 평가서

• 성명: _____(남, 여) • 별칭: _____ • 일시: 년   월   일

감수성인도자와 관련된 사항들	전혀아니다	아니다	중간이다	그렇다	아주그렇다
1. 오늘 인도자와의 관계가 편하게 느껴졌다.	1	2	3	4	5
2. 인도자가 나의 감정에 귀기울였다.	1	2	3	4	5
3. 인도자가 집단의 방향을 통제하는 것 같았다.	1	2	3	4	5
4. 인도자가 나에게 지나치게 많은 것을 요구했다.	1	2	3	4	5
5. 오늘 인도자의 행동에 대해 신뢰감이 들었다.	1	2	3	4	5
6. 오늘 인도자의 모습 속에 영적 충만을 느꼈다.	1	2	3	4	5
7. 인도자가 영적으로 통합된 시각으로 인도하였다.	1	2	3	4	5

자신의 행동과 관련된 사항들	전혀아니다	아니다	중간이다	그렇다	아주그렇다
1. 지난 시간 이후로 집단에서 있었던 내용들에 대해 많이 생각했다.	1	2	3	4	5
2. 오늘 내 속에 있던 것들을 많이 털어놓았다.	1	2	3	4	5
3. 오늘 집단에서 내적으로 깊이 관여한 느낌이 든다.	1	2	3	4	5
4. 오늘 집단에서 나의 문제에 대한 통찰을 얻었다.	1	2	3	4	5
5. 오늘 집단의 목표가 무엇인지 이해가 되었다.	1	2	3	4	5
6. 오늘의 집단을 통해서 나 자신에 대한 자신감이 생겼다.	1	2	3	4	5
7. 다른 사람들이 나에게 한 피드백이 도움이 되었다.	1	2	3	4	5
8. 다른 사람들의 이야기가 공감되었다.	1	2	3	4	5
9. 지난주 동안에 스트레스를 주는 사건이 있었다.	1	2	3	4	5
10. 오늘 집단원들이 가깝게 느껴졌다.	1	2	3	4	5
11. 감수성훈련을 한 후 사람들 대하기가 편해졌다.	1	2	3	4	5
12. 오늘 모임을 통해 하나님의 임재가 마음에 느껴졌다.	1	2	3	4	5
13. 모임 과정을 통해 영성을 중심으로 삶 전체가 새롭게 조명되었다.	1	2	3	4	5

* 오늘의 감수성경험 내용에 대해 다음의 각 사항을 5점 척도로 나누어 평가하여 주십시오.

집단원들의 행동과 관련된 사항들	전혀아니다	아니다	중간이다	그렇다	아주그렇다
1. 집단원들은 집단과정에 적극적으로 참여했다.	1	2	3	4	5
2. 집단원들은 자기감정을 솔직히 표현했다.	1	2	3	4	5
3. 집단원들은 다른성원들의 감정을 잘 받아주었다.	1	2	3	4	5
4. 집단원들은 서로 신뢰하는 분위기였다.	1	2	3	4	5
5. 집단원들은 자신의 문제에 대해 적극적으로 직면하려는 자세였다.	1	2	3	4	5
6. 집단원들은 자신의 문제를 솔직히 공개하였다.	1	2	3	4	5
7. 집단원들은 분노감, 슬픔, 우울, 괴로움 등 자신들의 부정적인 감정을 솔직히 공개하였다.	1	2	3	4	5
8. 집단원들은 기쁨, 설레임, 반가움, 행복함 등 자신들의 긍정적인 감정을 솔직히 표현하였다.	1	2	3	4	5
9. 오늘 모임을 통해 하나님의 임재가 우리 모임 가운데 느껴졌다.	1	2	3	4	5
10. 우리 모임 과정을 통해 영성을 중심으로 삶 전체가 새롭게 조명되었다.	1	2	3	4	5

부록 2 감수성 후기 및 보고서

1. 감수성 후기

1) 감수성 훈련을 마치고 1

별칭 : 은혜

평소에 다른 사람들과의 관계에 있어서 그들과 나와의 만남의 수준이 그저 피상적인 수준에 머물러 있을 뿐, 타인들과 진정으로 깊은 만남을 가지고 있지 못한 자신을 많이 느끼고 있었다. 이런 내 마음의 밑에는 누가 나를 이해해 주겠는가 하는 마음이 크게 자리잡고 있었다. 그러나 이 감수성 훈련의 집단은 타인들과 참된 만남을 추구하는 집단이라는 점에서 참여를 결심하게 되었다. 참된 만남이란 무엇이며, 대인관계에서 이런 만남을 추구한다는 것이 무슨 의미가 있는 것인지, 나는 왜 타인들과의 관계에서 항상 진솔하지 못하고, 거리를 두고 스스로 자기를 멀리하고 있는 것인지 이런 것들이 집단에 앞서 내가 가진 풀고 싶은 문제들이었다.

집단 모임이 한 회기 한 회기 쌓이면서 진정한 참된 만남이 무엇인지를 배우게 되었다. 그것은 상대를 판단하거나 비판하지 않고, 있는 그대로 수용하면서 서로를 인격적으로 존중하는 관계였다. 집단은 가장 기본적인 훈련 내용으로서 경청과 공감의 훈련을 시작했다. 훈련이 거듭될수록 타인의 말에 경청하고 공감하는 것이 얼마나 어렵고 힘든 일인지를 절감했다. 우선 나는 경청하는 것부터 정말 잘하지 못했다. 조금만 얘기가 길어지면 수시로 혼자만의 생각 속으로 빠졌고 상대의 이야기를 놓쳤다. 게다가 공감은 더욱 힘든 일이었다. 이해하기보다는 항상 판단하는 것이 앞섰고, 왜 저 사람이 저렇게 말하고 행동하는지 이해가 되지 않고 궁금한 것이 더 많았다. 이 집단을 하면서 새롭게 깨닫게 된 것은 정말이지 전에는 그것이 자신의 모습인 줄 알지 못했던 것이었다. 나는 진정으로 타인에게 관심을 가지지 않았다. 나를 이해해줄 사람을 찾고 있었지만, 막상 나는 타인을 이해해주고 싶은 마음이 없는 이기적인 사람이었고, 나의 주관과 편견으로 판단하고 정죄하고픈 마음만 크게 있을 뿐이었다. 타인을 대하는 방식은 내가 나 자신을 그렇게 다루고 있음을 의미했다. 그러나 집단 안에서 깊은 경청과 공감이 이루어질 때, 마치 태어나서 처음으로 누군가에게 이해받은 것 같은 감동이 있었고, 솔직하게 자기를 개방해도 위험하지 않으며, 서로가 서로에게 수용되고 이해되는 관계가 너무 좋았다. 또한 직면의 훈련을 통해서 서로를 존중하고 배려하며 상대의 거울이 되어준다는 것이 얼마나 서로에게 수준 높은 만남을 선사해주는지도 배우게 되었다. 나의 발견과 치유를 위한 소중한 시간이었다. 감사하다.

2) 감수성 훈련을 마치고 2

별칭: 사랑

어느 책에선가 '생각이 바뀌면 감정이 바뀌고 감정이 바뀌면 행동이 바뀐다'는 구절을 읽었다. 변화하고 싶어도 변하지 못하며 반복되는 침체와 우울 속에서, 감수성훈련은 내 고정된 사고의 귀퉁이를 허무는 일격이 되었다.

감수성 훈련을 시작한지 얼마 되지 않았을 무렵, 직장에서 사람과의 마찰이 생겼다. 내게는 너무나 큰 거절감을 경험하게 한 사건이었다. 마침 그날이 감수성 훈련 날이어서 무겁고 슬픈 마음을 안고 모임에 참석했다. 내 차례가 되어 상하고 쓰린 마음을 눈물로 쏟아내며 그날 있었던 사건을 이야기했다. 나는 내가 피해자라고 생각했고, 그 슬픈 마음을 위로받기를 기대했다. 나의 이야기를 다 들은 상담자는 우선 나의 힘든 마음을 만나주어 나의 마음을 볼 수 있는 마음의 여유를 갖게 해주었다. 그리고 사건의 전후와 상황을 하나하나 짚어가며 내가 잘못 생각하고 있었던 부분을 지적해 주었다. 상담자의 객관적이고 합리적인 눈으로 다시 본 사건은 내가 피해자가 아닌 가해자였음을 알게 해 주었다.

드디어 사건의 진상을 알게 된 나는 그 다음 일주일을 지옥에서 헤매야 했다. 그 죄책감과 부끄러움을 감당하기가 힘들어 사람들도 제대로 바라볼 수가 없었다. 그리고 다음 모임에서 그 괴로웠던 일주일에 대해 이야기했다. 그러나 상담자는 내 괴로움이 사건에 비해 과한 것임을 지적했다. 힘든 일주일을 보내고 여전히 무겁게 내려앉은 마음으로 그 괴로움을 얘기했던 나로서는 머리를 무언가로 얻어맞은 것 같은 충격이었다. 내가 너무도 당연하게 습관적으로 받아 들여왔던 죄책감과 부끄러움의 수렁이 사실은 과장된 것이고, 처벌을 피하기 위한 도구였음을 깨닫게 된 것이다. 그리고 그 충격은 순간의 위로보다도 강한 힘으로 내 생각과 감정을 변화시켰다.

감수성 훈련은 내가 아무 생각 없이 느끼고 받아들이고 있었던 왜곡된 사고의 패턴을 깨닫게 해주는 기회가 되었다. 그리고 스스로를 좀 더 정확히 보고 사랑할 수 있게 해 주었다. 아직은 빙산처럼 무겁게 가라앉아 있는 왜곡된 사고와 미성숙한 인격일지라도, 깨고 녹여낼 수 있는 길을 열었다는 점에서 지난번 감수성 훈련이 가진 의미는 컸다. 주님이 이러한 과정을 통해 나를 계속 치유하시고 만들어 나가실 것을 감사하며 기대한다.

2. 감수성 훈련 보고서

주제 : 남보다 높아지고 싶은 마음

1) 감수성 훈련을 통한 발견

교회 안에서 나보다 나이가 많은 분들을 대할 때 어떤 분들에게는 존칭을 쓰고 어떤 분에게는 친밀함을 빙자하여 반말을 쓰곤 했다. 편하다는 이유로 반말을 썼다면 존칭을 쓰고 있는 상대는 편하지가 않다는 결론으로 유도되어 지는데 사실 그것은 모순이다. 존칭을 쓴다는 것은 나이가 나보다 많은 만큼 인생의 선배로서 대우를 하고 내가 그보다 낮아짐을 의식하고 있다는 것이다. 그런데 나이가 나보다 많음에도 불구하고 존칭을 쓰지 않고(구체적으로 "자기야"라는 호칭을 쓴 적이 있음) 동급으로 대한다는 것은 밑 마음에 상대방의 수준을 평가절하하고 있다는 것이다. 내가 그보다는 나이는 작지만 맞먹어도 된다는 우월 의식이 지배하고 있었던 것이다. 정직하게 자신을 바라볼 때 내 안에서 일방적으로 사람의 수준을 비교, 판단, 무시하고 있었으며 그런 내면의 동기로 인한 것임을 알았다.

2) 감수성 훈련을 통한 분석

나 자신을 바라 볼 때 스스로 존귀하게 여기지 않으며 실력이나 외모 등 보이는 부분에 있어서 타인에게 인정을 받을 때 비로소 자신의 가치가 올라간다고 생각하는 문제는 낮은 자존감에서 기인된다고 본다. 그렇기 때문에 상대방에 대해서도 하나님의 형상을 닮은 인간 그 자체로서의 존엄을 바라보지 못하고 있다. 내가 정한 기준에 미달되면 얕잡아보고 무시하며 반대로 나보다 실력이나 위치가 월등하다 여겨지면 그 사람에게 비유를 맞추는 패턴이 여과 없이 보이게 될 것이다. 이것은 병적인 열등감으로 다른 사람과 나를 상대적인 가치로 판단하는 것이다. 또 기억을 더듬어 볼 때 어린 시절 어머니가 항상 내 친구들을 대할 때 성적과 외모와 친구 가정의 경제적인 수준에 따라 친구들을 차별 대우 했을 때 상처를 받곤 했는데 그 상처가 나의 인격 속에 숨어 있음을 본다.

심지어 아버지의 친구들을 대할 때도 회사 상사들에게는 격식을 갖추면서도 배운 것이 없고 소박한 사람들이 집을 방문하면 눈살을 찌푸리고 차도 대접하지 않았던 어머니의 모습이 내게도 걸러지지 않은 채 남아 있음을 직면한다. 결과적으로 가장 크게 중심을 잡고 있는 것은 심리적으로 내가 상대보다 우월하고 싶어 하는 교만함이 가장 크며 상대를 깎아내려서 높아지려는 구조를 가지고 있다.

3) 개선 (치료적) 방향

먼저 하나님이 나 같은 죄인을 살리신 그 구원의 은혜와 사랑을 묵상한다. 하나님의 사랑을 받은 자로서 신적인 자존감이 높아진다면 내 안에 하나님의 사랑이 차고 넘쳐서 인격이 변화될 것이다. 그리고 날마다 내 안의 교만함을 끊임없이 직면하고 버려 나간다. 상대를 무시하고 정죄할 때 나도 함께 존엄이 사라지고 자기를 세우지 못함을 직시한다. 남을 무시하는 것이 아니라 남을 세우고 남을 도우려 살아갈 때 나의 인생이 가장 탁월하게 빛나는 삶을 살 수 있음을 알고 지금 결단하여 사랑의 삶을 살아간다. 하루의 일과를 다시 되짚어 보면서 비인격적인 모습에 대해서는 회개하고 용서를 구하며, 날마다 나와 타인과 하나님과 더 나아가 우주와의 관계에 있어서 성장을 목표로 살아간다. 감수성 훈련은 인격 성숙의 기회이다. 더 열심히 훈련하여 회복이 일어나도록 하겠다.

4) 소감 및 후기

감수성 훈련 때 직면을 받고 얼마나 고통스러웠는지 모른다. 교수님이 왜 존칭을 쓰지 않았는지 물어 보셨을 때 차마 무시하고 싶어서 그랬다고 말할 수가 없었으며 내가 잘못했노라고 했으니 살짝 넘어갔으면 하는 마음이 간절했었다. 그러나 양파 껍질이 벗겨지듯이 나의 악한 마음이 벌거벗긴 채 드러났을 때에는 너무나 수치스럽고 견디기가 힘들었다. 직면을 했던 분에게도 일주일간은 자연스럽게 관계가 되질 않았다. 그런 고통과의 싸움이 있고 난 다음에 더욱 나를 있는 그대로 정직하게 보게 되었고 마음 깊이 나의 악과 싸우고자 하는 거룩한 투쟁이 생기기 시작했다. 새벽 기도를 통해 하나님의 용서와 사랑을 경험하고, 그동안 적어 두었던 설교 노트와 여러 책들을 보면서 점점 나의 마음이 긍정적이고 풍성해짐을 느낄 수 있었다. 놀랍게도 사람들이 (특히 경쟁 관계로 힘들어했던 동료들 간에) 좋아지기 시작했고 사람들마다 잠재되어 있는 가능성이 눈에 보이기 시작했다. 아! 내 인생에 있어서 이런 경험은 처음이며 32년 동안 살아오면서 이처럼 감격적이고 평안한 느낌을 누리는 것이 기적과 같다. 감수성을 통한 깨달음과 변화에 참으로 감사드리며 앞으로의 더욱 성장할 나의 모습을 기대해 본다.

주제 : 부정직

1) 감수성을 통한 발견

　대화 도중에 내가 얘기할 차례에서 얘기를 하는 것이 아니라 그냥 웃음으로 지나가는 사례가 종종 있다. 특히 어떤 사건에 대한 개인적인 의견과 태도를 묻는 질문에는 답하기가 매우 어렵다는 것을 알고 있었지만, 평상시의 대화에서도 나의 얘기를 드러내기가 어려워서 그냥 웃음으로 때운다는 것은 잘 지각하지 못하고 있었다. 물론 내가 하고 싶은 얘기가 상대의 마음에 상처가 될 것 같다고 느껴지면 순간 솔직해지기 보다는 둘러대거나 좀 더 두루뭉술하게 얘기하거나 얘기를 하지 않는 성향이 있었다. 그래서 이번에 직면 받은 것처럼 웃음으로 넘기기도 하는 것은 인정이 되는 부분이다. 그러나 일반적 관계에서는 그런다고 해도 함께 상담을 배우는 학우 간에도 솔직하게 나의 부정적 감정을 드러내지 못한다는 것은 새로운 발견이 되었다. 이러한 태도는 자신의 솔직하지 못한, 더 나아가서는 부정직의 문제임을 알게 되었다. 또한 임상시간 도중에 교수님의 피드백을 통해 또 하나 발견된 것은 내가 교수님의 질문에 대한 답변에 대해서도 일관성이 없다는 것이었다. 같은 질문에 대한 대답이 서로 달랐던 것이다. 처음에는 몰랐다고 했다가 나중에는 알았다고 하는 태도는 나를 합리화시키고 스스로도 통합이 되지 못한 모습이었고 그런 모습은 상대에게 혼란과 당황함과 분노를 일으키게 하는 모습임을 알았다. 나의 입장에 대해서 스스로도 정리하지 못하고 있는 상태이기 때문에 그에 대한 질문에 대해서 어떻게 답변을 해야 할지 당황하고 머뭇거리게 되고 순간 그 상황에 맞다고 생각되는 것으로 답변하게 되는 것이다. 교수님과 대화할 당시에는 개인적으로는 생각하기에 두 질문이 다른 질문이라고 여겨져 애써 구분하여 답변하려한 모습이었지만 결국은 부정직한 모습으로 인한 것이었다.

2) 감수성을 통한 분석

다른 사람에게 대해 반하는 감정과 생각을 얘기하는 것이 두렵고 그 이후를 책임질만한 자신이 없기 때문에 자신을 솔직하게 정리하는 것이 어렵고 따라서 하지 않게 되고 자연히 스스로 통합이 되어 있지 않기 때문에 비슷한 질문에 대해서도 일관성 있게 대답하지 못하게 된다. 연장선상으로 일반적인 만남에서도 부정적인 면에 대한 마음과 생각을 나눌 때 자동적으로 부정은 감추고 생각을 멈추게 되며 표현하지 않고 싶어지고 따라서 도피할 수 있는 것을 찾아 숨겨버리는 솔직하지 못한 모습을 취하고 부정직한 태도를 갖게 된다. 그동안 상처가 될 것 같은 말이나 생각을 멀리하여 왔던 습관이 있기 때문에 자연스럽게 그러한 태도를 취하게 된다. 더 나아가서 생각을 기계적으로, 내지는 범주적 사고를 하고 있어서 질문을 자꾸 세분화하여 해석하고 답변을 하려는 경향도 있다. 세분화할 때는 나의 기준으로 세분화를 하니까 상대는 이해가 안 되고 큰 차이가 없는 것을 구분해서 답변을 하다 보니 상대는 짜증이 나고 혼란스럽게 되는 것이다.

3) 개선(치료적) 방향

여전히 선한 사람이 되고 싶은 마음이 남아 있기 때문에 타인에게 부정적인 직면을 하고 수습하는 것이 두렵고 불편하며 저항이 많이 생기는 일인 것 같다. 그렇게 하는 것이 선한 것은 아니며 나를 위한 것도 아니고 타인을 위한 것도 아닌데 그 고통을 너무 두려워하고 있는 것 같다. 내가 나의 삶을 주도해서 긍정과 부정을 적절히 표현하고 수습할 수 있을 때 진정한 실력자이며 그럴 때 자유의 삶이 될 텐데 여기서 벗어나지 못하면 참 안타까울 것 같다. 솔직하고 정직한 사람이 되어 건강한 관계를 맺고 싶은 마음은 크다. 솔직하게 부정적을 표현해보고 성공적으로 수습을 하는 경험이 있다면 차후에도 나의 부정을 드러내는 것이 어렵지는 않을 것 같다. 행동적으로 어떻게 해야 한다는 측면에서는 상사나 선배에게 가끔 부정을 얘기해 보기는 했으나 수습이 되지 않아서 안 좋은 기억으로 남겨져 있는 것 같다. 그러한 고통을 잘 분석하고 정리해서 감내할 수 있는 내적인 능력을 키워야겠다. 물론 임상훈련이 무엇보다도 내게 중요한 훈련이 될 것 같다. 투명한 관계를 만들기 위해서 기존에 갖고 있었던 고통에 대한 두려움, 나의 이미지가 손상될 것 같은 두려움, 타인이 나를 떠날 것 같은 두려움, 나를 부정적으로 판단할 것 같은 두려움과 직면해서 그들을 더 믿고 또 두려워하는 상황이 된다고 하여도 주께서 선하게 인도하실 것이라는 믿음으로 나의 마음과 생각과 믿음을 정리하고 더 노력해야겠다.

4) 소감 및 후기

어떤 때는 나 스스로도 너무 혼란스럽고 답답해서 내가 도대체 뭐라고 말하고 있는지, 뭐라고 말해야 하는지 어렵고 힘들 때가 있다. 그것이 결국 내 안에 있는 착한 사람 컴플렉스, 인정욕 등으로 갖게 되는 두려움과 통합하지 못함에 기인함을 알게 되어서 매우 기쁘다. 건강한 만남을 위해 더 노력해야 할 과제를 발견해서 기쁘고 잘 해보고 싶은 마음이 많다. 감사하고 힘은 들었지만 새로운 변화의 기회로 삼아서 노력해보고자 한다.

부록 3 상담자 발달단계

Skovholt와 Ronnestad(1992)는 8단계의 상담자 발달 모델을 제시하였다. 그 여덟 단계는 ① 관습적 단계(Conventional stage) ② 전문적 훈련기로 이행단계(Transition to Professional Training stage) ③ 전문가 모방단계(Imitation of Experts stage) ④ 조건적 자율성 단계(Conditional autonomy stage) ⑤ 탐구단계(Esploration Stage) ⑥ 통합단계(Integration stage) ⑦ 개별화 단계(Individuation Stage) ⑧ 완전단계(Integrity stage)이다.

Skovholt와 Ronnestad는 상담자의 전문성의 수준이 높아짐에 따라 상담자의 경험은 구조적인 변화를 나타낸다고 하였다. 이러한 경험의 구조적 차이는 상담자의 능력, 기술에도 변화를 가져오게 된다고 한다. 상담자의 전문성 수준이 높아짐에 따라 나타나는 변화는 다음과 같다.

첫째, 전문화의 수준이 높아짐에 따라 전문적 개별화 특징이 나타나게 된다. 상담자는 전문적인 자아(professional self)와 개인적인 자아(personal self)를 높은 수준에서 통합하게 되므로 상담 장면에서 개별적인 특성이 개인적 신념과 가치와 조화를 가지게 된다.

둘째, 전문화 수준이 높아짐에 따라 외부 지향적이고 경직되었던 상담 스타일과 개념화 방식이 짐차 내부지향적인 형태로 변화되어진다. 상담자는 이론이나 기법에 매이지 않고 자신의 판단과 감정을 자유롭게 치료석으로 활용함으로써 융통성 있고 창의적인 스타일을 지니게 된다.

셋째, 전문화의 수준이 높아져 가는 과정에서 지속적인 전문적 자기 성찰(reflection)이 핵심적인 역할을 하게 된다. 전문적인 성찰이 이루어지기 위해서는 상담자가 폭넓은 경험을 갖고 이런 경험들을 재음미하고 확장시킬 수 있는 개방적이고 지지적인 환경이 필요하다.

넷째, 전문화 수준이 높아짐에 따라 인수된 지식(received knowledge)보다 자기 구성적인 지식(constructed knowledge)을 더 많이 사용하게 된다. 숙련된 상담자일수록 정형화된 이론이나 기법을 토대로 거기에서 출발하여 주어진 맥락에 가장 적절한 개념체제나 개입방법을 창조적으로 적용한다.

다섯째, 전문화 수준이 높아짐에 따라 불안감이 감소한다. 초심 상담자들이 평가, 역할 수행에 대한 불안감을 지니는 반면, 상담자의 경험이 축적됨에 따라 자신의 전문성과 능력을 확신하고 자신감을 갖게 된다.

〈상담자 8단계 발달 수준(Skovholt와 Ronnestad, 1992)〉

구분	관습적 단계	전문적 훈련기로 이행단계	전문가 모방단계	조건적 자율성 단계	탐구단계	통합단계	개별화 단계	완전단계
정의/ 소요 시간	훈련되지 않음 수년	대학원 과정의 첫해	대학원 과정의 중간과정	인턴십 6개월-2년	2-5년	2-5년	10-30년	1-10년
주과업	원래 알고있던 것 사용	여러 곳에서 얻은 정보를 통합하여 실제 적용	실습차원에서 모방, 인지적 차원에서 개방성 유지	전문가로서 활동	이미 알려진 것 이상의 것 탐구	신빙성을 보다 높여감	보다 차원 높은 신빙성	자기 자신이 됨 퇴직 준비
두드러진 정서	동정	흥분과 불안 정서	어리둥절 차분해짐 일시적 안정됨	가변적인 자신감	자신감과 불안함	만족과 희망	만족과 고뇌	수용
영향력의 주된 원천	자신의 개인적인 삶	새로운 정보와 기존의상호 작용으로 압도된 느낌	수퍼바이저 내담자들 이론/연구 동료들 개인적 삶 사회문화적 환경	수퍼바이저 내담자들 이론/연구 동료들 개인적 삶 사회문화적 환경	새 데이터 새 직장 전문가로서 의 자아, 그 외 요소	고참 전문인 으로서의 자아, 그 외 요소	경험에 기초한 축적된 지혜, 이전의 영향력이 내면화됨	고참 전문인 으로서의 자아
역할 및 상담 스타일	동정적인 친구	불분명한 이론적 지식을 맞추기 위해 고전함	상담의 기초를 경직되게 마스터했지만 여전히 불분명한 스타일	전문적인 역할 및 상담스타일에 보다 경직되어짐	외적으로 주어진 전문적 스타일에 보다 경직 되어짐	외적으로 경직성과 내적으로 완화된 스타일이 복합되어 나타남	유능한 전문적 테두리 내에서 자아로 성장	자기 자신이 됨
개념적 기초	상식	개념적 아이디어와 기법을 습득함에 있어 긴급성이 있음	개념적 아이디어와 기법을 심도있게 추구	개념적 아이디어와 기법을 세련되게 마스터함	이전에 습득한 몇몇 개념적 아이디어를 개인적으로 거부	개인적인 아이디어를 절충하고 상호보완하기 시작	개별화 시키고 자기 것으로 소화시킴	매우 개별화 되고 통합되어짐
학습 과정	경험적	인지적인 프로세싱과 내성	모방, 내성과 인지적인 프로세싱	내성, 인지적 인 프로세싱 과 더불어 계속적인 모방	개인적으로 자기 성찰	선택한 방법들	선택한 방법들	선택한 방법들
상담 효과/ 만족도	별 관심이 없음	눈에 보이는 내담자 수퍼바이저 반응	내담자의 변화와 피드백과 수퍼바이저의 반응	내담자의 피드백과 수퍼바이저 반응에 대한 복잡한 견해	섬차 현실적이며 내적인 기준을 사용	점차 현실적이며 내적인 기준을 사용	현실적이며 내적임	매우 현실적이며 내적임

| 도서출판 다세움의 도서 |

교육 · 상담훈련
- 인생을 축제처럼(도서출판 다세움)
- 인격치료(학지사)
- 그래도 삶은 소중합니다(도서출판 다세움)
- 상담의 과정과 기술(도서출판 다세움)
- 정신역동상담(도서출판 다세움)
- 감수성 훈련 워크북(도서출판 다세움)

목회
- 인격목회(도서출판 다세움)
- 상담목회(도서출판 다세움)
- 비전과 리더십(도서출판 다세움)
- 상담적 설교의 이론과 실제(도서출판 다세움)

소그룹 훈련 시리즈(상담목회를 적용한 소그룹 훈련시리즈)
- 의사소통 훈련(도서출판 다세움)
- 인간관계 훈련(도서출판 다세움)
- 거절감치료(도서출판 다세움)
- 분노치료(도서출판 다세움)
- 비전의 사람들(도서출판 다세움)
- 행복 바이러스(도서출판 다세움)
- 성령의 능력으로 사는 그리스도인(도서출판 다세움)
- 감수성 훈련 워크북(도서출판 다세움)
- 리더십과 팔로워십(도서출판 다세움)

| 도서출판 다세움의 도서 |

결혼 · 가정 사역
- 한국적 이마고 부부치료(도서출판 다세움)
- 부부심리 이해(도서출판 다세움)
- 행복결혼학교(도서출판 다세움)
- 아버지 학교(도서출판 다세움)
- 어머니 학교(도서출판 다세움)
- 위대한 부모 위대한 자녀(도서출판 다세움)

제자훈련 시리즈 전 4권(상담목회를 적용한 제자훈련시리즈)
- 1권. 제자로의 발돋움(도서출판 다세움)
- 2권. 믿음의 기초(도서출판 다세움)
- 3권. 그리스도와의 동행(도서출판 다세움)
- 4권. 인격적인 제자로의 성장(도서출판 다세움)
- 전인성숙을 위한 제자훈련 시리즈 인도자지침서(도서출판 다세움)

새신자용 교재
- 새로운 시작(도서출판 다세움)

| 저자소개 |

심 수 명 (Ph.D., D.Min.)

한밀교회를 개척하여 상담목회를 적용하고 있는 저자는 상담 전문가이며 신학과 심리학, 상담과 목회현장을 아우르는 학자이며 목회자입니다. 저자는 치유와 훈련, 목회를 마음에 품고 한 영혼의 전인적인 돌봄, 부부관계 회복, 비전있는 자녀교육, 건강한 교회 세움, 상담전문가 양성 등에 헌신해 왔습니다. 그 노력의 일환으로 제자훈련 시리즈, 목회를 위한 교재, 상담 훈련용 교재들을 출판해 왔습니다.

"기독교상담적 관점에서 본 정신역동상담"이 문화체육관광부 우수학술도서로 선정되고, [목회와 신학]에서 한국교회 명강사(상담분야)로 선정되는 등 한국교회와 사회에 영향력을 끼쳐 왔습니다.

안양대와 총신대(신학), 고려대(석사, 상담심리)와 미국 풀러신대에서 목회상담학 박사와 국제신대에서 상담학 철학박사 학위를 취득하였습니다.

상담자격은 한국 목회상담협회 감독, 한국 복음주의 기독교상담학회 감독상담사, 한국 기독교상담 및 심리치료학회 수련감독, 한국인격심리치료협회 수련감독, 한국 가족상담협회 수련감독으로 활동중입니다.

여성부 정책자문위원으로 활동했으며, 오랫동안 국제신대 상담학 교수로 사역했습니다. 현재 칼빈대 상담학 교수, 다세움상담대학원 이사장, (사)한국인격심리치료협회 이사장으로 일하고 있습니다.

대표저서
상담목회(도서출판 다세움), 인격치료(학지사), 한국적 이마고 부부치료(도서출판 다세움), 그래도 삶은 소중합니다(도서출판 다세움), 정신역동상담(도서출판 다세움)외 다수.

이메일
soomyung2@naver.com
soomyung3@daum.net

연락처
한밀교회 (02)2605-7588, www.hanmil.or.kr
(사)한국인격심리치료협회 (02)2601-7422~4